KB253574

나를

깨우는

힘

나를
깨우는
힘

초판 1쇄 인쇄 2014년 7월 28일
초판 1쇄 발행 2014년 8월 4일

지은이 이화자
펴낸이 한익수
펴낸곳 도서출판 큰나무
등록 1993년 11월 30일 (제5-396호)
주소 410-360 경기도 고양시 일산동구 백석동 1455-4 1층
전화 031-903-1845
팩스 031-903-1854
이메일 btreepub@chol.com
블로그 blog.naver.com/btreepub

값 13,000원
ISBN 978-89-7891-288-4 (13190)

이 도서의 국립중앙도서관 출판예정도서목록(CIP)은 서지정보유통지원시스템 홈페이지
(http://seoji.nl.go.kr)와 국가자료공동목록시스템(http://www.nl.go.kr/kolisnet)에서 이용하
실 수 있습니다.(CIP제어번호: CIP2014022074)

나를 깨우는 힘

미래를 잃고 방황하는
청춘에게 전하는 꿈의 이정표!

비전이 있는 청춘은
두려워하지 않는다

미국의 월간 잡지 〈리더스 다이제스트〉는 1931년 발표된 헬렌 켈러의 수필집 《사흘만 볼 수 있다면》을 20세기 최고의 수필로 선정했다.

생후 19개월에 병으로 시각과 청각을 모두 잃은 헬렌 켈러가 볼 수 있는 유일한 방법은 만지는 것, 즉 촉각뿐이었다. 그가 쓴 수필을 보면 아무것도 볼 수 없는 헬렌 켈러는 모든 것을 보고도 보지 못하고, 들어도 듣지 못하는 우리의 모습을 바라보게 만들기에 충분하다.

제게 있어서 계절이라는 꽃수레는

너무나 떨리는 끝이 없는 드라마이며

그 활기찬 흐름은 저의 손가락 끝을 스치며 지나갑니다.

때때로 이런 모든 것들을 너무나도 보고 싶은 열망에

제 가슴은 터질 것만 같습니다.

단지 감촉을 통해서만도 이처럼 많은 기쁨을 얻을 수 있

는데, 만약에 볼 수만 있다면 얼마나 더 많은 아름다움을

발견할 수 있을까요?

-헬렌 켈러《사흘만 볼 수 있다면》중에서

　우리 가족은 저녁 식사 후에 산책을 자주 나간다. 아파트

에 살지만 도로만 건너면 논과 밭이 있고 개울가에서 꽃이

피고 지는 모습을 보며 계절의 변화를 실감한다. 7월의 뜨

거운 여름에 논길을 걷다 보면 나팔꽃, 강아지풀, 접시꽃

과 이름 모를 꽃이 지천으로 피어 있다.

　매일 산책을 하다 보면 눈앞에 펼쳐져 있는 아름다운 풍

경이 매일 보는 얼굴처럼 익숙해서 지나쳐 버리기가 쉽다. 어느 덧 단풍이 들고 낙엽이 져서 땅 밑에 우르르 굴러가는 모습을 볼 때 아름다웠던 지난날을 그리워하게 된다.

조금만 눈을 뜨고 귀를 연다면 지금 겪는 갈등과 절망과 혼란 속에 숨겨진 보석과 답을 찾아낼 수 있다. 지금 힘이 든다면 그만큼 절박함과 인내력이 심장 속에 비축될 것이고 앞으로 살아갈 인생의 자양분이 된다.

"나는 왜 힘이 드는가?"보다 "어떻게 살아가야 하는가?"라고 자신에게 질문하기 바란다. 그리고 한 순간도 부정적인 생각에 빠지지 말고 긍정의 메시지를 저장하라. 그러면 그대의 미래 모니터에 희망과 성공의 불이 켜지는 것은 당연하다.

나는 20대 중반까지 부정적인 생각으로 인생을 허비했다. '왜 나는 가난한가?', '왜 나는 우울한가?', '왜 나는 소심한가?'라는 부정적인 생각으로 잠 못 이룬 날이 허다했다. 그러면 그럴수록 더욱 불안하고 한없이 약했다. 하지만 생각의 스위치를 부정에서 긍정으로 바꾸자 내 인생도 달라지기 시작했다. "어떻게 살아가야 하는가?"라는 질문을 하며 모든 문제를 기회와 발판으로 바꾸었다.

비록 실패와 위기가 찾아와도 꿈이 있다면 능히 헤쳐 나가 끝내 인생의 챔피언이 된다. "맹인으로 태어나는 것보다 더 비극적인 것은 앞이 보이지만 비전이 없는 것이다"라고 한 헬렌 켈러의 말처럼 비전이 있는 청춘은 비바람 따위를 두려워하지 않는다.

청춘이란 인간 발달의 어느 시점이 아니라 어른이 되어가는 과정이다. 고난과 실패가 찾아와도 북극성처럼 당신의 꿈을 이끄는 또렷한 별이 있다면 모든 것을 가진 것이다. 그 꿈이 당신의 희망찬 미래를 창조할 것을 믿는다.

PROLOGUE 비전이 있는 청춘은 두려워하지 않는다 4

PART ONE 가야 할 길이 많으므로 청춘은 길을 잃는다

너는 아직도 빛나는 존재이다 13 │ 길을 잃는 순간 도전은 시작된다 21 │ 실수는 잠시 멈춤이지 끝이 아니다 28 │ 바닥이라면 올라갈 일만 남았다 36 │ 좌절의 길목을 통과하라 43 │ 또다시 작심삼일? 50 │ 막막하다면 자기계발서를 읽어라 57

PART TWO 흔들리는 만큼 성장하니까

시간을 붙잡고 늘어지면 다이아몬드가 된다 67 │ 도도새가 사라진 이유 75 │ 청춘에게 필요한 건 위로가 아니다 81 │ 인생은 속도가 아니라 방향이다 88 │ 부는 바람이 뿌리를 튼튼하게 한다 95 │ 멈추지 않는 시련은 없다 101 │ 항해하라! 실패를 무릅써라 108 │ 세상이 변하기 원한다면 너 자신이 먼저 변하라 115

목 차

PART THREE 그리워하는 것이 사랑이 아니라 성공이라면

내일의 성공은 오늘 결정된다 123 | 청춘, 꿈을 충전하라 130 | 나라고 성공하지 말란 법은 없잖아 137 | 꿈을 밀고 나가는 힘은 머리가 아니라 심장이다 144 | 꿈꿀 때 일생은 빛난다 150 | 큰 꿈이 될 때까지 키워가라 158 | 가슴이 시키는 일 166 | 선택은 나의 몫 172

PART FOUR 꿈을 짊어지고 가는 인생이 더 가볍다

취업하지 않고 내 일을 한다면 181 | 혼자서 가라, 종착점에 가면 사람이 많이 있다 188 | 스펙보다 스토리가 강하다 193 | '찰칵' 꿈을 찍는 순간 현실이 된다 200 | 청춘 노릇 하지 말고 청춘다운 노릇 하라 206 | 생각대로 살지 않으면 사는 대로 생각하게 된다 214 | 누구를 위해서가 아니고 나를 위해서 221

PART FIVE 단 하나의 꿈을 이끌고 담장을 넘어라

전설이 되고 싶다면 229 │ 인생을 표절하지 말고 창조하라 235 │ 전부를 던져야 최고를 얻는다 242 │ 일생을 걸 단 하나의 꿈 249 │ 나만의 창과 방패를 가져라 256 │ 미친 꿈에 미美쳐라 262 │ 거인의 어깨에 올라타라 270 │ 태양을 향해 던지는 창이 가장 멀리 간다 277

EPILOGUE 아름다운 청춘, 그대의 꿈을 응원한다 286

PART ONE

가야 할 길이 많으므로
청춘은 길을 잃는다

너는 아직도 빛나는 존재이다

네 생애에서 가장 빛나는 날은 성공한 날이 아니라 비탄과 절망 속에서 생과 한번 부딪쳐 보겠다는 느낌이 솟아오른 때다. **플로베르**

울지 마라

외로우니까 사람이다

살아간다는 것은 외로움을 견디는 일이다

공연히 오지 않는 전화를 기다리지 마라

눈이 오면 눈길을 걸어가고

비가 오면 빗길을 걸어가라

갈대숲에서 가슴검은도요새도 너를 보고 있다

가끔은 하느님도 외로워서 눈물을 흘리신다

새들이 나뭇가지에 앉아 있는 것도 외로움 때문이고

네가 물가에 앉아 있는 것도 외로움 때문이다
산 그림자도 외로워서 하루에 한 번씩 마을로 내려온다
종소리도 외로워서 울려 퍼진다

정호승 시인이 쓴 '수선화에게'이다. '외로우니까 사람이
다'라는 구절은 김난도가 쓴 《아프니까 청춘이다》란 책의
제목을 생각하게 한다. 어쨌든 청춘은 외롭고 아프다. 그리
고 청춘은 눈부시게 빛나는 존재이다. 청춘은 계절로 말하
면 봄꽃이고, 꽃으로 말하면 이제 막 피기 시작한 꽃봉오리
와 같다. 아직 무한한 가능성이 있는 젊음은 그 무엇과도
바꿀 수 없는 존재이다.

별이 빛나는 것은 세상을 비추기 위해서이다. 청춘이 존재
하는 이유는 세상을 변화시키기 위해서이다. 어쩌면 별이
자신이 빛나는 존재인 줄 모르듯 청춘도 자신이 어떤 존재
인지 모른 채 살아가고 있는지도 모른다.

취업이 '하늘의 별 따기'처럼 힘든 사회적 상황에서 청춘
들의 고민이 깊어가고 있다. 최근 고용노동부의 발표로는
2002년 청년들이 꼽았던 5대 스펙(학벌, 학점, 토익, 어학

연수, 자격증)에 봉사와 인턴, 수상 경력이 추가된 8대 스펙이 필수가 되었다. 대학생들이 취업 8대 스펙을 갖추기 위해 휴학을 하거나 대학원에 진학하는 등 노력을 기울이고 있는데, 대기업 등 제한된 일자리에 고학력자가 몰리면서 그 인구가 더 늘었다는 설명이다. 실제 재작년 20~24세 연령층의 고용률은 10년 전보다 9.1퍼센트가 떨어진 44.5퍼센트로 나타났다.

하지만 지금 당장 취업이 안 된다고 해도 인생의 끝은 아니다. 아직도 기회는 여기저기 존재하고 있다. 청춘이 빛나는 것은 바로 기회가 지천으로 깔렸고 그것을 발견하기만 하면 되기 때문이다.

자신의 노력으로 얻은 결과는 값지다

루이비통은 하루아침에 명품이 된 것이 아니다. 작년 1월 조선일보에 '세계의 명품 공방을 가다' 루이비통 편을 보면 하나의 가방을 만들기 위해 얼마나 세심한 작업을 하는지 놀랍기만 하다. 재봉틀에 가죽을 밀어 넣어 '드르륵' 박는 게 아니라, 발로 재봉틀을 한 번씩 밟아가며 한 땀 한 땀 박는다. 바느질 한 땀의 간격이 정확하게 2밀리라고 한다.

경력 40년 차 가죽 매니저는 가죽을 만져보기만 해도 젖소인지 식용인지, 스트레스 정도는 어떠했는지 구분할 수 있다. 지퍼의 홈질을 살펴보기 위해 5,000번 이상 지퍼를 열었다 닫는가 하면, 견고성을 위해 가방에 3~4킬로짜리 돌멩이를 채운 뒤 일주일간 내동댕이치는 작업도 한단다.

동네 허름한 공장에서 몇 번 재봉틀로 주르륵 박아 나오는 것은 값싼 가방이다. 시장 바닥에 여기저기 싼값에 팔려나가는 가방은 작게는 수일에서 수개월까지 공정 과정을 거치는 명품과 비교할 수 없다. 오래 담금질해서 얻은 쇠는 더 단단하고 모양이 변형되지 않는다. 오랜 시간 자신의 힘과 노력으로 얻은 결과는 값질 수밖에 없다.

내가 초등학교 교사가 된 것은 기적이었다. 그만 공부하고 공장에 가서 돈을 벌라는 아버지의 성화를 뒤로하고 서울에 있는 교육대학에 입학했다. 호주머니에는 차비가 떨어질락 말락 할 때가 수없이 많았고, 살을 에는 듯한 겨울날에 여름 바지를 입고 다녔다.

한 번은 용산에서 신정동까지 가야 하는데 차비가 부족했다. 그때는 시내버스 안내양이 있었다. 호주머니에 차비가 없는 줄 알면서 버스를 타는 것이 도저히 자존심이 허락하지 않아 용산에서 노량진까지 걸어서 다리를 건넜다. 아무리 생각해도 신정동까지 가려면 밤새 걸어야만 할 것 같아 무작정 버스를 탔다. 목적지에 도착할 때까지 가슴이 방망이질을 해댔다. 마지막 정거장에서 버스를 내리며 기어가는 목소리로 차비가 없다고 하자 다행히 안내양은 무덤덤하게 내리라고 대꾸했다. 안내양이 한없이 고마우면서도 또다시 마음이 무너져 내렸다. 단 한 번도 경제적 자유를 누리지 못한 새내기 대학생은 마음마저 가난했다. 마틴 셀리버그는 '학습된 낙관주의'라는 말을 사용했는데 아마도 나에게는 '학습된 비관주의'가 있었던 모양이다.

이 세상에 고통스러운 삶을 살기를 바라는 사람은 없다. 누구나 평탄한 삶을 바란다. 나 역시 마찬가지였지만 삶은 자주 우리의 생각을 배반하고 반대로 굽이굽이 골짜기로 인도한다. 그럼에도 좌절과 절망에 낙심하지 않고 인내할 수 있다면 오히려 삶이 절실하게 다가오고 열정으로 끓어오르게 된다. 시인 라이너 릴케의 말이 생각이 난다.

"마음속에 해결되지 않는 모든 것을 향하여 인내하라. 문제 자체를 사랑하려고 노력하라. 답을 찾으려고 하지 마라. 당신은 답을 알 수 없다. 중요한 것은 그대로 모든 것과 함께 살아가는 것이다. 문제 속에서 그냥 살자. 그러면 언젠가 당신도 알지 못하는 사이에 서서히 답 속에서 살게 될 것이다."

어떤 마음으로 하느냐가 중요한 이유

가끔 뼈를 깎는 담금질의 시간을 인내하지 못하고 건너뛰고 싶은 조바심이 일 때도 있다. 하지만 한번 생각해보자. 지금 대기업에 취업하고 잘나간다고 해서 성공을 보장받는 것은 아니다. 지금 불안정하고 막막한 현실을 앞에 둔 청춘이라고 해서 실패는 아니다. 문제는 상황이나 현실이 아니라 '내가 누구인가?', '나는 어떤 사람이 되고 싶은가' 확고한 정체성을 가지고 있느냐이다.

김밥천국을 운영하는 부모 밑에서 배달을 하는 조카가 있다. 대학에서 체육학과를 나온 잘생긴 젊은이가 음식 배달을 하는 것을 조부모는 안타깝게 생각한다. 하지만 내 생각은 다르다. 나는 지난달 조카에게 《총각네 야채가게》와 《김밥 파는 CEO》라는 책을 선물로 보냈다.

조카는 저녁 늦게 일이 끝나면 가끔 친구들을 만나서 술을 마시며 하루의 스트레스를 푼다고 한다. 나는 조카가 친구와 술을 마시는 것을 탓하고자 하지 않는다. 어떤 마음으로 김밥 배달을 하느냐에 따라 그의 인생이 달라질 것을 믿기 때문이다. 일손이 모자라는 부모를 돕기 위해 하루하루 마지못해 일한다면 그야말로 종에 불과하다. 하지만 비록 작은 가게라도 그 일을 통해 사업 마인드를 익히고 인간관계를 배우고 경제를 배운다고 생각한다면 그의 미래는 분명 밝다. 조카의 의식이 좀 더 크게 확장되었으면 하는 바람으로 두 권의 책을 보낸 것이다.

어디에 취업하는지에 따라 성공과 실패가 결정되는 것이 아니다. 일용직 노동자가 그룹의 총수가 된 예가 있다. 바로 세계 기업인의 표상인 철강왕 카네기의 후계자가 된 '찰스 슈워브'이다. 카네기는 공학박사, 경영학 박사 등 유능한 인재가 넘쳐났음에도 불구하고 일용직 노동자였던 슈워브를 택했다. 슈워브는 이렇게 일했다.

"카네기의 몸처럼, 카네기의 그림자처럼."

‘어떤 일을 하느냐’ 보다 ‘어떤 마음으로 하느냐’ 가 중요한 이유가 여기에 있다. 청춘이 빛이 되기 위해서는 암울한 현실을 탓하기에 앞서 나의 정체성, 나의 미래, 나의 성공을 돌아보아야 한다. 청춘은 빛나는 존재이기 때문이다. 마지막으로 영국 소설가 조지 버나드 쇼의 말을 들어보자.

사람들은 항상 그들의 현 위치가 그들의 환경 때문이라고 탓한다. 나는 환경을 믿지 않는다. 이 세상에서 출세한 사람들은 자리에서 일어나 그들이 원하는 환경을 찾는 사람들이다. 그리고 그들이 원하는 환경을 찾지 못할 경우에는, 그들이 환경을 만든다.

길을 잃는 순간
도전은 시작된다

시도했는가? 실패했는가? 괜찮다. 다시 시도하라. 다시 실패하라.
더 나은 실패를 하라. **사무엘 베케트**

하나의 문이 닫히면 다른 문이 열린다

독일의 작곡가이자 고전파 말기 낭만주의 음악의 선구인 베토벤(1770~1827)의 피아노 건반에는 나무 막대기에 팬 흔적이 남아 있다고 한다. 귀가 들리지 않자 나무 막대기를 입에 물고 치아와 뼈를 통해 귓속으로 전달되는 음을 느끼며 작곡을 했기 때문이다. 그는 장애와 좌절을 극복하고 이렇게 말했다.

"용기를 내라. 비록 육체에 그 어떤 결점이 있다고 해도 우리의 영혼은 이를 극복해야만 한다."

베토벤은 5세 때부터 피아노를 치기 시작했고 7세 때부터 연주회를 열었으며 11세 때는 최초의 작품을 발표하는 등 뛰어난 재능을 보였다. 그는 17세 때 음악의 도시인 '빈'으로 떠나 음악가로서의 인생을 시작하였다.

귀에서 '윙윙' 이상한 소리가 들리기 시작한 건 27세 무렵이었다. 난청 증상이었다. 31세가 되던 즈음, 베토벤은 오랜 벗에게 괴로운 마음을 담아 편지를 보냈다.

"3년 전부터 귀에 병이 생겼어. 의사에게도 보였지만 전혀 나아질 기미가 보이지 않네. 최근엔 사람들이 말하는 소리도 음악도 완전히 들리지 않게 되었어. 음악가인 내가 귀가 안 들리다니, 다른 사람들이 어떻게 생각하겠나. 그래서 될 수 있으면 사람들 앞에 나서지 않고 혼자 비참하게 살아가고 있다네. 그러나 이런 내 모습이 억울해서라도 가능하면 이 운명과 싸워 보고 싶네. 이 일은 아무에게도 말하지 말아 주게."

그는 난청이 치명적인 귓병으로 악화하자 한때 자살을 결심하기도 했다. 인생을 가는 동안 베토벤처럼 모든 희망이 없는 것 같은 막다른 골목을 맞이할 수도 있다. 그곳에서 길을 잃고 하염없이 눈물을 흘릴지도 모른다. 하지만 누군가 '하나의 문이 닫히면 다른 문이 열린다'고 말했다.

소설가 이외수는 《그대에게 던지는 사랑의 그물》에서 고민을 '허수아비'라고 칭한 적이 있다.

허수아비는 무기력의 표본이다. 망원렌즈가 장착된 최신식 장총을 소지하고 있어도 방아쇠를 당길 능력이 없다. 자기 딴에는 위협적인 모습으로 눈을 부릅뜬 채 들판을 사수하고 있지만, 유사 이래로 허수아비에게 붙잡혀 불구가 되거나 목숨을 잃어버린 참새는 한 마리도 없다. 다만 소심한 참새만이 제풀에 겁을 집어먹고 심장을 위축시켜 우환을 초래할 뿐이다.

절망이 '허수아비'처럼 베토벤의 앞에 버티고 서 있었지만, 그는 교향곡 제3번 〈영웅〉을 발표하며 절망을 음악으로 불태우기 시작했다. 이어 교향곡 제5번 〈운명〉, 오페라 〈피델리오〉, 피아노 협주곡 제5번 〈황제〉, 피아노 3중주곡 〈대공〉, 교향곡 제7번과 제8번, 교향곡 제9번 〈합창〉 등 수많은 걸작을 작곡하였고, 이후 거의 청력을 잃은 상태에서도 작품 활동을 계속해 나갔다.

베토벤은 자신을 위협하던 '허수아비'를 베어내고, 인생을 '걸작의 숲'으로 재창조했다. 그 후 '괴로움을 넘어 환희로!'라는 메시지를 품은 마지막 교향곡인 〈합창〉 초연에서 직접 지휘봉을 잡기도 했다. 관객은 기립하여 열렬히 박수를 보냈다. 그는 비록 듣지 못했지만, 자칫 실패할 수 있었던 인생을 걸작으로 만든 그야말로 환희의 순간이었다.

문제는 기회다

인생을 살다 보면 예기치 않은 일로 앞이 캄캄할 때가 있기 마련이다. 나 또한 암담한 현실에 막막할 때가 몇 번 있었다. 가장 힘들었던 때는 초등학교를 졸업하고 가난하여 중학교에 입학하지 못했을 때이다. 일 년간 이모 집에서 식모처럼 집안일을 도와주다 이듬해 입학하기 위해 배정 원서를 써야 했다.

공부가 너무 하고 싶어서 울었던 그때의 간절함은 나로 하여금 공붓벌레가 되게 했다. 그리고 내게 주어진 기회를 소중히 여기게 된 계기가 되기도 했다. 아이를 셋 낳은 후 교육대학원에서 공부를 할 수 있었던 것도 아마 그때의 오기 때문이 아니었을까 싶다.

길은 반드시 있다고 했던가. 고등학교를 졸업할 즈음 교육대학을 가면 등록금 걱정 없이 공부할 수 있다는 반가운 정보를 접하고 그때 마음을 잡았다. 무슨 일이 있더라도 공부를 포기하지 말자고 말이다.

지금까지 살아오면서 느낀 것이 있다면 이 세상에 삶의 고단함을 어깨에 짊어지지 않는 사람은 없다는 사실이다. 사회라는 테두리 안에서 다른 사람과 관계를 맺고 있는 사람들은 모두 엇비슷한 문제를 가지고 있다. 문제의 양상은 조금씩 다르지만 갈등, 말다툼, 돈, 사랑, 사고, 질병 등 인간이라면 피할 수 없는 상황들이 많이 있다.

웨인 다이어는 《행복한 이기주의자》에서 우리가 통제할 수 있는 것은 환경이 아니라 생각이라고 강조했다.

요컨대 우리는 주위의 상황이나 사람들이 우리를 불행하게 만든다고 믿고 있지만 사실은 그렇지 않다. 내가 불행하다면 그 이유는 주위의 사람이나 사물에 대해 내가 가지고 있는 '생각' 때문이다. 거침없고 다부진 사람이 되려면 그 생각을 바꿀 줄 알아야 한다. 일단 생각을 통제할 수 있으면 새로운 감정이 생겨날 것이며 거침없는 삶을 향해 첫발을 내딛게 될 것이다.

길을 잃는 순간 새로운 도전을 하라

가정 형편으로 인해 힘겨워하던 시절에 나는 누구보다도 가장 불행하다고 생각했다. 교육대학을 졸업하고 교편을 잡은 새내기 시절에는 우울한 감정으로 스무 살 청춘을 보냈다. 여기에서 말하고 싶은 것은 분명하다. 어려움을 당하는 시기에는 그 문제가 한없이 커 보여도 인생 전체를 통해서 볼 때는 지나가는 과정에 불과하다는 것이다. 그 시기를 잘 통과하면 더 큰 도전의 기회가 있다.

자신에게 질문을 던져 보라. 불행하다고, 우울하다고, 힘들다고 한다 해서 보탬이 되는 것이 있는지. 나를 한없이 나락으로 밀쳐내는 생각은 또 어떤 것들인지.

우리는 자칫 길을 잃었을 때 당황하고 주저앉기도 한다.

그러나 그곳이 끝이 아니다. 하나의 문이 닫히면 다른 쪽의 문이 열리게 마련이다. 절망은 희망으로 가는 통로이며 밤이 깊어진다는 것은 새벽이 가까워지고 있다는 증거이다.

포기하지 마라. 인생은 포기하기에는 너무 짧은 시간이다. 문제가 생길 때 피하거나 꾀를 부리지 말고 정면으로 나아가라. 여행자가 길을 잃는 순간 새로운 여행이 시작되듯이 인생도 마찬가지이다. 길을 잃는 순간 새로운 도전을 하라. 네가 가는 곳이 곧 길이 될 테니.

실수는 잠시 멈춤이지 끝이 아니다

한 번도 실수하지 않은 사람은 새로운 것을 한 번도 시도하지 않은 사람이다.
알버트 아인슈타인

매일 실패하라

2006년 노벨화학상을 수상한 스탠버드대 로저 콘버그 교수가 2013년 8월 건국대학교 후기 졸업식에서 인상 깊은 메시지를 남겼다.

"매일 실패하라."

콘버그 교수는 인간의 모든 유전자 발현이 대부분 조절되는 생물, 의학적 과정인 전사(DNA를 원본으로 사용하여 RNA를 만드는 과정)에 관여하는 다양한 효소 단백질을 밝혀내고, 전사 관련 단백질 집합체의 구조를 원자 단위까지

규명해 2006년 노벨화학상을 수상한 인물이다. 그는 3년이란 긴 시간 동안 매일같이 실험에 실패했지만 실망하지 않고 포기하지 않으며 결국 아이디어를 찾아 성공했다. 그는 자신의 이야기를 전하며 청춘들에게 '생각의 씨앗'을 심어 주었다.

우디 앨런은 이런 말을 했다.

"한 번도 실패하지 않는다는 건 새로운 일을 전혀 시도하지 않고 있다는 신호다."

아무것도 시도하지 않는 것보다 실패를 교훈 삼아 도전하는 사람이 자신의 뜻을 이룰 수 있다는 말이다.

보통 사람들은 실수하는 것을 부끄럽게 생각하고 두려워하는 경향이 있다. 어떤 때는 실수 때문에 죄책감과 수치심을 가지기도 한다. 하지만 실수하지 않는 사람은 없고 실수를 통해 안 되는 부분을 깨닫고 만회할 수 있다.

김연아는 세계적인 피겨 선수로 발돋움하기 전에 이렇게 말했다.

"가끔 포기하고 싶은 생각도 들었어요. 하지만 그런 생각이 들다가도 다시 하고 싶은 생각이 강하게 들었어요. 그래서 어쩔 수 없이 스케이트를 타야 하는 운명인가 그런 생각도 많이 했어요."

그는 완벽한 점프를 하기 위해 수백, 수천 번의 엉덩방아를 찧으며 실수하고 넘어졌다. 때로는 선수 생명이 위태로울 정도로 다쳤지만 좌절하거나 포기하지 않고 피나는 훈련을 계속했다. 2011년 9월 22일 〈고도원의 아침편지〉에 '김연아의 엉덩방아' 란 글이 실린 적이 있다.

13년 동안 훈련을 하면서 헤아릴 수 없을 만큼 엉덩방아를 찧었고, 얼음판 위에 주저앉아 수도 없이 눈물을 흘렸다. 하지만 그런 고통이 있었기에 지금의 자리까지 한 걸음 한 걸음 올라설 수 있었을 것이다. 앞으로 어떤 어려움을 만날지 모르지만, 분명 그 뒤에는 기쁨의 눈물을 흘리는 순간들이 있을 것이라 생각한다. 이제 나는 또다시 새로운 꿈을 꾼다. '행복한 스케이터 김연아' 로 살아가기 위해!

'빛나는 실수'를 하라

폴 J. H. 슈메이커는 《빛나는 실수》에서 '바보 같은 실수'와 '빛나는 실수'가 있는데, 실수를 디자인하고 실수를 통하여 배움이 있어야 '빛나는 실수'라고 말하고 있다. 이어 실수는 싫지만, 앞으로 나아가기 위해 '빛나는 실수'를 하라고 조언한다. 말하자면 김연아의 실수는 더 큰 미래를 위한 빛나는 실수가 아니겠는가.

세상을 바꾼 엄청난 혁신 중에 실수가 없었다면 세상에 나오지 못할 것들이 있다고 한다. 비행기, 항생제, 원자력 등이다. 알렉산더 플레밍은 실험실을 엉성하게 운영했기에 실수로 표본에 물이 들어가 푸른곰팡이를 찾은 것이다. 아인슈타인의 유명한 공식의 증명에는 23가지의 오류가 있었다고 한다. 그 오류는 오히려 아인슈타인에게 큰 도움이 되었다고 한다. 그런 실수를 했음에도 누구도 라이트 형제나 플레밍 아인슈타인에게 실수했다고 하지 않는다.

1883년 루이스 워터맨은 미국 뉴욕의 빈민촌에 사는 보험 회사 말단 직원이었다. 당시 미국은 경제 공황이라 루이스는 꽤 오랫동안 좀처럼 계약을 성사시키지 못했다. 새 고객

을 가입시키려고 애썼지만 겨우 한 달에 한두 건을 계약하
는 데 그쳤다.

마침내 설득에 성공해 그는 큰 건의 보험 계약 약속을 받
아냈다. 고객의 사무실로 간 그가 계약서를 책상에 놓고 펜
을 꺼냈을 때였다. 펜 뚜껑을 여는 순간 잉크가 사방으로
번져 계약서가 엉망이 되었다. 급하게 서류를 다시 가져와
새로운 계약서를 작성하려 했지만 때는 이미 늦었다. 고객
은 계약서에 잉크가 튄 것을 불길한 징조로 여겨 그와의 계
약을 거부하고 다른 회사와 계약을 맺었다.

분통이 터진 워터맨은 그때부터 펜을 개발하는 데 자신의
시간을 몽땅 투자했다. 그 후 워터맨 만년필은 필기구의 역
사를 바꿨다.

사람들은 보통 사소한 실수를 가볍게 넘기거나 중요하게
여기지 않는다. 그러나 성공한 사람치고 사소한 실수를 등
한시한 사람은 없다. 워터맨 또한 자신의 사소한 실수를 가
볍게 넘기지 않고 더 큰 기회를 찾아냈듯이 말이다.

실수를 하지 않고 이루는 것은 없다

나 또한 실수를 자주 하는 편이다. 서울 변두리의 학교에 발령을 받아 교편 생활을 시작했을 때 대학에서 배운 것들은 실제 현장에서 아무 도움이 되지 않았다. 한 반에 70명이 되는 아이들과 오전 오후반으로 온종일 북적대는 곳에서 일주일에 32시간이라는 살인적인 수업을 어떻게 감당했는지 지금 생각하면 아찔하다.

가장 어렵고 난감한 것은 공문을 처리하는 일이었다. 아무리 설명을 들어도 도무지 알아들을 수가 없었다. 지금은 교실에 앉아서 컴퓨터로 결재 신청을 하면 처리가 되지만 당시에는 수기로 써서 교무, 교감, 교장선생님께 차례로 결재를 맡아야 했다.

하나의 공문을 완벽하게 처리한 적이 거의 없었다. 공부를 가르치거나 학부형과 상담을 하는 것보다 가장 어려운 것이 공문이었고 처리할 때마다 실수를 했다. 어떤 때는 교육청까지 올라간 공문이 장학사의 호통과 함께 반려된 적도 있었다. 나는 교감선생님 앞에서 울음을 터뜨렸고 그때부터 공문을 처리할 일이 있으면 스트레스가 극에 달했다. 동료 교사, 학부형, 아이들 그리고 과도한 수업량에 지쳐갔고 아침에 학교에 출근하는 일이 어두운 터널을 향해 가는 것처럼 발걸음이 무거웠다.

내 인생에서 사회 생활이 결코 호락호락하지 않음을 절실하게 느꼈던 한 해였다. 하지만 그런 실수투성이의 삶을 통해서 수업뿐만 아니라 교편 생활에 필요한 자질과 능력을 기르게 되었으니 당연한 과정이었다.

우리는 살아가면서 실수하면 안 된다고 자신에게 다짐할 때가 많다. 자주 실수하지 않으려고 노력하지만 그럴수록 더 자주 실수하게 되니 난감할 수밖에. 빈센트 반 고흐가 "심지어 내가 실수를 하고 있다는 사실을 알고 난 뒤에도 나는 실수를 계속했다"고 말한 것처럼 같은 실수를 반복하며 좌절하기도 한다.

그런데 잘 생각해 보면 실수하지 않고 이루는 것은 없다. 아기가 수천 번의 넘어짐을 통해 걷는 법을 배우듯이 말이다. 우리가 실수하는 것은 부끄러운 것이 아니라 너무나 당연한 것이다. 실수를 통해서 우리는 더 성장하게 되니 오히려 더 고마운 일이다.

‘실수한 뒤에 일어서면 된다’는 평범한 진리가 너무 퇴색되었는가? 너무 판에 박힌 말인가? 심지어 토마스 J. 왓슨 시니어는 이렇게 역설했다.

“앞으로 나아가 실수를 해라. 당신이 할 수 있는 모든 실수를 해라. 거기서부터 당신의 성공은 시작될 것이다. 실패의 반대편에서.”

기억하라. 실수는 잠시 멈춤이지 끝이 아니라 성장의 출발점이다. 그러니 자주 실수를 해라.

바닥이라면
올라갈 일만 남았다

실패를 향해 코웃음 칠 줄 아는 여유를 가지고 진정한 성공이 주는 의미를 놓치지 않을 때 무너지지 않는 성공, 다른 사람들과 함께 나눌 수 있는 성공을 차지하게 될 것이다. **김우중 대우그룹 전 회장**

인생의 바닥이 보일 때

살다 보면 더는 희망이 없을 것 같은 인생의 바닥이 보일 때가 있다. 나 역시 앞이 보이지 않는 위기 속에서 눈물을 흘린 적이 있다. 초등학교 졸업식 날, 집이 가난하여 중학교에 입학하지 못한다는 사실에 나의 미래가 불안하고 두려웠다. 그 후 1년간 이듬해 중학교에 갈 때까지 이모 집에서 허드렛일을 하며 식모와 다름없는 생활을 했다. 그때 암울한 인생이 무엇인지 깨닫기에는 너무 어린 나이였다.

고등학교에 입학해서도 자퇴를 심각하게 고려할 만큼 어

려웠던 학창 시절에 독하게 공부해서 교육대학에 들어갔다. 가난이 덕지덕지 붙은 집을 바라보며 그나마 내가 교사가 되어야 조금이나마 일으켜 세울 수 있을 것 같았다. 결국 교사가 되어야겠다는 나의 '꿈'이 나를 이끌고 자양분을 주어 힘들고 어려운 시기를 이길 수 있었다.

영국의 희극 배우이자 영화감독 겸 제작자인 찰리 채플린의 어린 시절은 이루 말할 수 없이 불우했다. 아버지는 술주정뱅이였고 결국 부모의 이혼으로 어머니가 생계를 이끌었다. 어머니가 후두염으로 목소리를 잃고 뮤직홀에 나갈 수 없게 되면서 지독히 가난했다. 채플린은 남의 집 쓰레기통을 뒤져 끼니를 해결하거나 때로는 끼니도 제대로 먹지 못해 빈민구호소에서 생활하기도 했다.

그러나 채플린에게는 부모에게 물려받은 타고난 재주가 있었다. 바로 연기력이었다. 어느 날 그는 형의 도움으로 단역을 맡게 되었다. 나막신 댄스 공연 〈랭커셔의 여덟 소년〉으로 처음 무대에 섰을 때 그는 8세였다. 채플린은 날마다 몇 시간씩 막일을 하고 서너 시간씩 공연을 했다.

10세에는 〈셜록 홈즈〉에서 빌리 소년이라는 꽤 비중 있는 역할을 맡았다. 채플린은 기뻤지만 한편 글을 몰라 대본을 읽을 수 없었기에 불안했다. 이전에는 연출자가 일러주는 대로 따라 했는데, 대사가 많아지자 어쩔 도리가 없었다. 그 사실을 알고 어머니는 아들에게 한 줄씩 대사를 읽어주며 외우게 했다. 채플린은 무사히 공연을 마칠 수 있었다.

찰리 채플린은 1964년 75세의 나이에《찰리 채플린, 나의 자서전》을 펴냈다. 어머니의 후두암과 정신병으로 고생한 시절은 눈물겹다. 너무나 가난했기에 그 가난을 박차고 일어설 때 탄성이 붙었다. 자서전에서 그는 이렇게 고백한다.

세상은 내게 최상의 것과 최악의 것을 동시에 선사했다. 지금까지 살아오면서 좋지 않은 일을 많이 겪었지만 나는 행운과 불운이 떠다니는 구름처럼 종잡을 수 없는 것이라는 믿음을 갖고 있다. 이런 믿음 때문에 나는 아무리 나쁜 일이 일어나도 별로 놀라지 않았다. 오히려 좋은 일이 일어나면 놀라면서 한편으로는 기뻐했다.

얼굴에 콧수염을 붙인 캐릭터로 많은 사람을 울고 웃겼던 채플린은 아카데미 시상식에서 세 차례 수상을 했고, 많은 작품에서 각본·연출·출연·편집 등 다재다능한 활약을 보였다. 환경에 굴하지 않고 끝없이 자신의 재능을 갈고닦은 빛나는 영화 인생이었다.

희망의 등불이 된 앨리슨 래퍼

2005년 영국 런던의 트라팔가르 광장에 한 여인의 '토르소' 조각상이 세워졌다. 프랑스 루브르미술관에 소장된 '밀로의 비너스'를 생각나게 하는 5미터짜리 조각상은 영국인뿐 아니라 전 세계의 관광객에게 화제가 되었다. 양팔이 없이 어딘가를 응시하고 있는 모습이 애처로워 보였다.

"마치 밀로의 비너스 같아!"

이 작품을 조각한 사람은 영국의 현대미술가 마크 퀸이며 작품 이름은 〈임신한 앨리슨 래퍼〉다.

이 작품은 2012년 런던 패럴림픽 개막전에서 다시 공개되었다. 이 조각품을 가운데 두고 '초인들의 도전'이라는 감동적인 무대가 펼쳐졌고, 영국의 세계적인 이론 물리학자인 스티븐 호킹 박사의 연설이 뒤따랐다.

"우리는 모두 다르고 표준 인간은 없다. 삶이 아무리 힘들더라도 모든 사람에겐 특별한 성취를 이뤄낼 힘이 있다."

작품의 실제 모델인 앨리슨 래퍼는 양팔이 없는 구족화가이다. 그는 수많은 장애인에게 희망의 등불이 되었지만, 그의 삶은 순탄하지 않았다. 태어날 때부터 평생 팔다리가 자라지 않는 해표지증이라는 진단을 받았다. 부모는 절망에 빠져 그를 보육원에 맡겼다. 어릴 때부터 놀림과 따돌림으로 고통받던 그는 결혼한 지 3개월 만에 이혼하고 더욱 고통의 시간을 보냈다. 어느 날 래퍼는 마음속으로 다짐했다.

더는 불행을 허락하지 않을 거야. 난 그림을 좋아했지. 내게 붓을 잡을 수 있는 팔과 손은 없지만 입은 있어. 입으로 그림을 그리면 돼. 대학에 가서 그림을 그리자.

그렇게 시작된 그림은 그를 행복하게 했다. 잠자는 시간을 빼고는 온종일 그림만 그리고, 힘들 때마다 밀로의 비너스를 생각하며 자신을 추슬렀다. 그는 주치의의 도움을 받아 아기를 낳아 길렀고, 독일 라이프치히에서 개최된 '2005 세계 여성 성취상'을 받는 영예도 안았다.

양팔이 없고 다리도 기형적으로 짧은 중증 장애인이지만 그는 자신의 육체를 부끄러워하지 않고 노력하고 도전하여 마침내 예술가의 꿈을 이루었다.

희망은 열려 있다

나 또한 정신적으로 무척 힘든 시기를 겪은 적이 있다. 자식들을 돌보지 않았던 아버지는 내 고등학교 등록금을 몰래 빼내 도박으로 날렸다. 그 돈은 어머니가 비싼 사채 이자를 치르고 빌려와 장롱에 감춰둔 것이었다.

한창 밝고 화사하게 자라야 할 10대 시절을 부모의 불화와 가난, 아버지의 도박으로 어둡고 우울하게 보냈다. 성인이 되어서도 그때의 일이 떠오르면 내 마음속 분노가 고개를 내밀었다. 무의식에 잠재되어 눈에 보이지 않아도 절망과 우울, 분노의 그림자가 수시로 덮쳐 지치고 힘들었다.

교직 생활을 할 때도 텅 빈 교실에 남아 남몰래 눈물을 흘리는 날이 많았다. 하루는 동료 교사가 우울증 때문에 사직서를 쓰고 운동장 계단에 물끄러미 앉아 있는 모습을 보면서 끔찍한 상상에 몸을 부르르 떤 적도 있다.

힘들 때일수록 고난을 이겨내고 변화와 성장을 꾀해야 한다는 생각으로 버텼다. 책은 나의 의식을 끝없이 깨뜨리고 잠자던 세포를 깨웠다. 《책은 도끼다》의 저자 박웅현의 말처럼 내게 "책이란 무릇 우리 안에 있는 꽁꽁 얼어버린 바다를 깨뜨려버리는 도끼"였다.

우리를 힘들게 하는 것은 상황이나 환경이 아니라 나 자신의 생각이다. 나는 나를 희망으로 물들이며 용기를 얻었다. 희망으로 가득 찬 나를 이길 시련은 없었다.

"그대의 가치는 그대가 품은 이상에 의해 결정된다. 용기는 위기에 처했을 때 빛나는 힘이다."

에스파냐의 작가 그라시안의 말이다. 이상과 용기가 있다면 더는 앞으로 나아갈 수 없는 벼랑 앞에 섰을 때 좌절하지 않는다. 벼랑 끝 바닥에서 무릎 꿇지 않는다. 아픈 시간을 뚜벅뚜벅 걸어 나와 고난의 골짜기를 통과한다.

내가 처한 상황이 바닥이라면 어차피 올라갈 일만 남았다. 하늘은 나를 위해 넓게 열려 있다. 마음에 품은 이상, 즉 꿈이 있다면 진정 인생의 최후 승자로 우뚝 서게 된다.

좌절의 길목을
통과하라

연필은 쓰던 걸 멈추고 몸을 깎아야 할 때도 있어. 당장은 좀 아파도 심을 더 예리하게 쓸 수 있지. 너도 그렇게 고통과 슬픔을 견뎌내는 법을 배워야 해. 그래야 더 나은 사람이 될 수 있는 거야. **파울로 코엘로 《흐르는 강물처럼》**

희망과 믿음을 가지고 나아가라

우리가 좌절하는 것은 환경이 좋고 나쁨에 따라 결정되는 것이 아니라 그 환경을 어떻게 바라보느냐에 따라 결정된다. 아무리 환경이 좋지 않아도 희망과 믿음을 가지고 나아가면 극복할 수 있다.

태어난 지 19개월이 되던 해에 뇌척수막염을 앓은 열병으로 청각, 시력을 잃고 말도 할 수 없었던 헬렌 켈러. 가정교사 설리번 선생의 가르침 덕분에 후에 전 세계 장애인들에게 '빛의 천사'라고 불렸다.

시각장애, 언어장애, 청각장애의 3중 장애를 가졌으면서
도 꿋꿋한 의지로 헤쳐 나갔다. 하버드대학의 레드크리프
컬리지에 입학하고 세계 최초의 대학교육을 받은 맹, 농아
로서 그녀는 우수한 성적으로 대학을 졸업했다. 이 기적은
많은 사람으로부터 경탄과 찬사를 받았다. 그 후 그녀는 미
국은 물론 해외에서도 강연에 나서 맹인과 신체장애인에 대
한 세상의 이해와 협력을 구하고 장애인에 대한 사랑을 실
천하였다. 그녀는 이런 말을 했다.

넘어야 할 한계가 없다면 도착한 후의 기쁨은 반으로 줄
어들고 건너야 할 어두운 계곡이 없다면 정상에서의 경이
로움은 반으로 줄어든다.

사람들은 어려운 일 없이 평탄하게 살기를 바란다. 하지만
삶이 내 마음대로 되는 것이 아니거니와 그렇다고 내게 다
가오는 어려움과 좌절의 시간이 꼭 불행으로 이어지는 것이
아니다. 헬렌 켈러가 고난의 골짜기를 통과하는 동안 포기
하고 싶은 순간이 없었겠는가? 하지만 그는 스스로 극복하

였기에 수많은 사람에게 희망을 줄 수 있었다.

 이런 명언이 생각난다.

 바람이 거셀수록 연은 높이 날고

 세게 맞을수록 공은 멀리 날아가며

 세게 눌릴수록 용수철은 높이 튀듯이

 인간은 시련이 강할수록 더욱 강해진다

내 꿈은 평생 은인

30만 부나 팔린 베스트셀러 《지선아, 사랑해》의 저자인 이
지선은 23세에 대학교 축제를 마치고 오빠와 돌아오는 길
에 교통사고를 당해 전신 55퍼센트의 3도 화상을 입고 40
번이나 대수술을 하며 죽을 고비를 넘겼다. 그는 '사고를
당했다' 대신 '사고를 만났다'고 표현했다. 장애인들에 대
한 인식이 달라지고 편견이 없어졌으면 하는 마음으로 〈힐
링 캠프〉 출연을 결심했다는 그는 시종 밝은 표정과 여유
있는 모습을 보였다.

 큰 사고를 만난다면 누구나 할 법한 생각인 "왜 하필 나

야?"라는 생각을 해 본 적 없었느냐는 질문에 그는 "그런 생각은 굉장히 이기적인 생각이다. 그렇다면 나 말고 다른 사람이 다쳤어야 했나?"라고 답했다. 그러면서 "가족 중 한 명이 다쳐야 한다면 내가 다친 것이 다행이다"라고 말했다.

그는 손가락을 절단하고 인조 피부를 했지만, 인조 피부가 녹아내려 거즈를 덮고 떼어내는 고통을 견뎌야만 했다. 그 후 성공적인 피부이식을 하고 돌아와서도 목이 당겨 입이 다물어지지 않아 수건을 입에 대고 자야 했다. 손가락 하나 움직일 수 없어 벌레를 쫓아낼 수 없을 때는 너무 비참했다고 한다.

그는 지금 미국 UCLA 대학원에서 사회복지학 박사과정을 밟고 있다. 장차 꿈은 어려움을 겪고 있는 장애인에게 희망의 메시지를 주는 것이라고 한다. 그는 이렇게 격려한다.

"이제 당신에게는 올라갈 일만, 시작할 일만 남았다."

자신이 가진 고난과 역경은 나만이 해결할 수 있다. 아무리 사랑하는 부모라도 내가 짊어진 짐을 대신 들어줄 수는 없다. 오직 내 꿈만이 나를 지탱해주는 평생 은인이다.

고난은 축복의 다른 이름이다

세계적인 부동산 기업가 도널드 트럼프는 "중요한 것은 위기나 실패 따위가 아니라 그것을 어떻게 극복하느냐 하는 것이다"라고 말했다.

'위기는 기회'이며 '문제 속에는 해답'이 있기 마련이다. 누구나 문제 앞에서 포기하기는 쉽다. 하지만 포기는 단 한 번으로 모든 것을 무너뜨린다. 1퍼센트라도 희망이 있다면 그 희망을 붙잡고 포기하지 마라.

고흐는 죽을 때까지 찢어지는 가난 속에서 그림을 그렸다. 돈이 없어 좋은 물감을 사지 못했을 뿐만 아니라 살아 있을 때 단 한 점의 그림을 팔았다. 하지만 그는 절망적인 상황 속에서 계속 그림을 그리며 미술에 대한 열정을 포기하지 않았다. 끝내 자살로 생을 마감했지만 그가 남긴 명언은 사람들의 심금을 울렸다.

내 그림이 팔리지 않는 것은 나로서 어쩔 수 없다. 하지만 언젠가는 사람들이 내 그림의 가치를 깨닫는 날이 올 것이다. 내 그림이 돈으로 따질 수 없는 훨씬 더 많은 가치를 가지고 있다는 것을.

그의 말대로 고흐는 현대인의 사랑을 가장 받는 화가의 한 사람이 되었다.

오늘날 한 분야에서 성공을 거둔 위인은 거의 시련을 통과한 사람이다. 원석이 다이아몬드가 되려면 수많은 망치질이 필요하다. 잘 드는 낫 하나를 만들려면 셀 수 없는 담금질이 있어야 한다. 누군가 "고난은 축복의 또 다른 얼굴이다"라고 말했듯이 고난을 통과하지 않고는 자신이 원하는 꿈에 다다를 수 없다.

엄청난 고난 속에서도 꿈이 있는 사람은 고난의 골짜기를 통과한다. 하지만 평탄한 삶을 사는 사람은 꿈이 없으면 작은 어려움도 이겨내지 못하는 경우가 많다. 차라리 젊음이 있을 때 어려움을 겪는 것이 더 낫다. 그래서 '젊었을 적 고생은 사서 한다' 는 말이 있는지도 모른다.

막내아들이 첫 수능을 수능을 치를 당시 정시 합격자 발표까지 한 달간 피를 말리는 시간을 보냈다. 온 가족이 후보 몇 번까지 합격하느냐에 신경을 곤두세웠다. 그런데 한 명을 남겨 놓은 시점에 모든 합격자 발표가 마감이 되었다. 수시에 이어 정시에서도 바로 앞에 한 명을 남겨 놓고 끝나자 실망은 이루 말할 수 없었다. 어떻게 보면 고난이라고도 할 것까지 없겠지만 아들은 며칠 몸살을 앓았다. 아마 여태까지 공부한 결과에 대한 허무함, 세상이 나를 멀리하는 것 같은 외로움, 다시 공부에 매달려야 하는 답답함까지 말로 표현할 수 없는 좌절감이 밀려왔으리라.

그러나 그 1년이 아마 평생 바꿀 수 없는 재산이 되었음을 믿는다. 하루하루 시간과의 싸움, 자신과의 싸움을 하면서 치열하게 사는 법을 몸으로 터득했을 것이기 때문이다.

지나고 보면 성공한 때보다 실패한 때가 더 중요하다. 실패의 원인을 분석하고 깊이 자신을 돌아봄으로써 성장할 수 있다. 실패의 길목에 들어서거든 좌절하지 말고 당당하게 통과하라. 닉슨은 포기에 대해 이러한 명언을 남겼다.

"인간은 실패했을 때 끝나는 것이 아니라 포기했을 때 끝나는 것이다."

포기하지 않는다면 인생은 내 편이고 성공과 행복의 문을 열게 된다.

또다시 작심삼일?

습관보다 더 강력한 것은 없다. **오비디우스**

작심삼일에서 벗어나려면

작심삼일作心三日이란 한자성어가 있다. 작심作心이란 마음을 단단히 먹는 것이다. 마음에 품은 계획이 사흘을 넘기지 못하는 것으로 결심이 단단하지 못하고 흐지부지되는 것을 말한다.

새해가 시작되면 누구나 다짐하는 것이 있다. 공부가 되었든 운동이 되었든 말이다. 하지만 그 결심은 오래가지 못하는 경우가 많다. 아마 고등학교 때까지 지독한 입시 스트레스를 경험한 청춘들은 여유로운 시간을 오래 누리려는 것 같다. 독하게 마음먹고 강제력을 더하려고 일부러 3개월짜리 티켓을 끊고도 운동(또는 학원)하러 가는 게 숙제로 느껴진다.

'내일부터 꼭 가야지!' 라고 다짐하지만, 시간이 갈수록 부담이 커지면서 숙제를 미루다 결국 한 달을 못 채우고 계약 기간을 넘기고 만다. 왜 그럴까?

작가 이시형은 작심삼일에서 벗어나려면 반드시 알아야 할 《뇌 이야기》란 제목의 책을 펴냈다. 그는 작심삼일이 되는 이유는 뇌가 핑계를 대기 때문이라고 말한다.

등록하고 나면 운동하러 갈 수 없는 이유가 왜 그렇게 많아지는 것인지. 친구들 전화도 갑작스레 많아지는 것 같고, 꼭 가고 싶었던 콘서트도 하필이면 그때 잡힌다. 심지어는 그 시간쯤 되면 머리나 몸 어딘가가 아프다는 사람도 있다. '나는 운동을 가려 했어. 하지만 상황이 이러니' 라면서 자신을 정당화한다. 그러나 그런 일이 반복되노라면 못 가게 되는 이유가 눈덩이처럼 불어난다. 처음의 결심이 점차 느슨해지다가 결국엔 사라져버리는 것이다. 뇌는 왜 마음에 저항하면서 핑계를 만들어내는 걸까? 이것을 이해하려면 뇌가 어떤 구조로 작동하는지를 알아야 한다. 고정관념이라는 말을 생각하면 이해하기 쉬울 텐데, 뇌에는 이미 형성된 개념이 있고 이것에 따라 작동하려는 습성이 있다. 사람에 따라 정도의 차이는 있지만, 뇌 입장에서는 '변화'가 달가운 사건인 것만은 아니다. 대부분이 지금까지 해왔던 방식대로 하는 데서 평온함을 느낀다는 얘기다. 그래서 자신이 뭔가 나쁜 습관을 지니고 있음을 알면서도 쉽게 바꾸지 못하는 것이다. 어떤 계기로 큰 결심을 했을 때에도 스스로 변명거리를 늘어놓으며 슬그머니 회피해버리는 것도 바로 이런 이유에서다.

뇌는 마음먹은 것을 하지 못하도록 저항하고 변화를 싫어하지만, 꼭 그렇지만은 않다. 우리의 잠재의식 속에 "꼭 해내고야 말겠어"라는 말을 각인시키면 된다. 자동으로 작동하는 뇌를 이기는 방법은 내가 말로 뇌를 속이고 명령하면 된다. 더 중요한 것은 자신에게 "넌 왜 그것을 꼭 해야 하니?"라고 질문을 던져보면 답이 더 빨리 나온다.

나는 대학 졸업을 앞둔 시기에 서예를 하느라 캠퍼스에서 밤이 늦도록 붓글씨를 썼다. 하루도 빠짐없이 쓰니 재미도 있고 제법 판본체는 물론 궁서체를 쓰는 재미가 쏠쏠했다. 지금에 와서 보면 '내가 도서관에서 붓글씨를 쓴 만큼 독서를 치열하게 했으면 어땠을까?'라는 생각을 한다. 물론 지금도 붓글씨를 취미로 쓴다면 말이 달라지겠지만 말이다. '작심삼일' 이전에 '단 하루'라도 왜 꼭 그것을 해야 하는지 자신에게 질문해 보길 바란다.

오늘 하루가 일생을 결정한다

내가 이때까지 잘한 것이 있다면 아침에 일찍 일어나는 습관이다. 고등학교 3학년 때 마음이 긴장된 탓인지 새벽에 일찍 잠이 깼다. 그 이후 아이들 젖 먹인 시기를 빼고 아침형 인간이 되었다. 아침에 하는 공부나 일은 무엇보다 집중력이 뛰어나고 하루를 맞이할 준비를 여유 있게 할 수 있기에 마음이 상쾌하다.

방법의 대가 손자는 "먼저 전장에 가서 적의 습격을 기다리는 군대는 편안하다. 하지만 나중에 전장에 도착해서 싸움에 쫓기는 힘들다”고 했다. 또한 공자는 이렇게 말했다.

일생의 계획은 젊은 시절에 달려 있고

1년의 계획은 봄에 있고

하루의 계획은 아침에 달려 있다

젊어서 배우지 않으면 늙어서 아는 것이 없고

봄에 밭을 갈지 않으면 가을에 바랄 것이 없으며

아침에 일어나지 않으면 아무 한 일이 없게 된다

하루하루가 모여 일 년을 이루고 일생을 만들 듯이 오늘 하루를 어떻게 여느냐에 따라 일생이 달라진다. 더구나 하루를 시작하는 아침을 어떻게 여느냐는 더욱 소중하다.

‘작심삼일’은 이제 강물에 던져버려라. 정말 꿈이 있다면 그리고 그 꿈을 꼭 이루고 싶다면 청춘을 꿈으로 불태우라. 온몸을 던져라.

막내아들은 힘겨운 재수 생활을 마치고 다시 수능 시험을 치른 뒤로 매일 오전 11시가 지나 일어났다. 일주일만 늦잠을 잔다고 하더니 기상 시간을 앞당기지 못했다. 밤늦도록 컴퓨터와 스마트폰과 씨름하다 새벽에 잠이 드는 탓이다.

"내일부터 일찍 일어날게요."

그렇게 매일 '작심일일' 숙제가 뒤로 밀어지고 있었다. 휴식도 필요하지만, 시간을 소비하는 것과 휴식은 다르다.

이지성은 《스무 살 절대 지지 않기를》에서 '베스트셀러 작가'가 되리라는 꿈으로 버틴 20대를 적었다. 공부하지 않고 글을 쓴다고 아버지에게 매를 맞고 쫓겨나고, 교사가 되어서는 부모에게 생활비를 보내고 20원으로 산 적도 있다.

오늘, 책은 읽히지 않고, 글은 써지지 않고, 몸은 좋지 않고, 머리는 아프고, 재미있는 일은 하나도 없고, 우울과 작은 분노, 슬픔, 아픔 같은 것이 지치지도 않고 내 마음 속을 침범하고 있어. 하지만 난 견딜 뿐이야. 앞으로 나아갈 뿐이야. 오늘 내가 고통 속에 몸부림치다가 고작 1㎝를 전진했다고 하더라도, 전진은 전진이니까.

그는 정체되거나 안주하지 않으려고 더욱더 높고 아름답

고 빛나는 곳으로 가려고 발버둥 쳤다. 14년을 전진하고 나서야 그는 《여자라면 힐러리처럼》에 이어 《꿈꾸는 다락방》이 베스트셀러가 되어서 꿈을 이루었다.

작심삼일 너의 것이 아니다

현실이 암담할수록 세상에 외쳐라! 세상의 물결에 마냥 휩쓸리는 삶이 아니라 연어처럼 끝없이 도전하고 변화하는 삶을 살리라고. 스티브 잡스는 스탠퍼드 대학 졸업식 연설에서 이렇게 말했다.

"17세 때 이런 경구를 읽었습니다. '매일 인생의 마지막 날처럼 산다면 언젠가는 꼭 성공할 것이다.' 이 글은 감명을 주었고 저는 그 이후 33년간 매일 아침 거울을 보면서 저 자신에게 질문을 던졌습니다. 오늘이 내 인생 마지막 날이라면 오늘 하려는 일을 하고 싶을 것인가?"

만약 "No!"라고 대답한다면 이제 너의 꿈을 찾아라. "Yes!"라고 확신한다면 온몸을 내던져라. 지금부터 자신의 꿈을 매만지고 물을 주고 키워서 눈부시게 아름다운 꽃을 피워야 한다. '작심삼일' 이제 너의 것이 아니다.

막막하다면
자기계발서를 읽어라

그들이 고군분투하며 살 수 있는 것은 매일 자신보다 성공한 사람들의
성공 스토리를 통해 동기 저하를 막는 예방주사를 맞기 때문이다.
권동희 《미친 꿈에 도전하라》

자기계발서를 읽는 이유

왜 사람들은 자기계발서를 많이 읽을까? 사실 나는 청춘 시기에는 책을 많이 읽지 못했다. 에리히 프롬의 《소유냐 존재냐》가 너무 난해하여 앞부분만 읽다가 덮기를 반복하기도 했다. 책 읽기는 '골치 아픈 것'이라는 무의식이 자리 잡고 있어 쉽게 책을 가까이하지 않았다. 기껏해야 가벼운 에세이나 소설을 읽었다. 그것도 심심할 때 취미 또는 몸을 장식하는 액세서리 정도로 내 삶에서 차지하는 공간은 매우 적었다.

내가 자기계발서를 읽기 시작한 때는 세 아이를 키우면서 '나'에 대한 정체성을 고민하고부터이다. 이지성이 쓴《꿈꾸는 다락방》에서 피카소와 반 고흐에 대한 글은 내 마음속에 작은 파문을 일으켰다.

피카소와 반 고흐는 비슷한 재능을 가진 화가였다. 하지만 알다시피 두 사람의 인생은 극단적으로 상반되게 펼쳐졌다. 피카소가 성공의 표본 같은 삶을 살았던 반면, 반 고흐는 실패의 표본 같은 삶을 살았다.

피카소는 삼십 대 초반에 이미 백만장자가 되었다. 그의 성공은 나이가 들수록 가속화됐다. 그는 천만장자가 되었고 억만장자가 되었다. 화가로서의 명성 역시 마찬가지였다. 처음에는 미술계 인사들에게 서서히 알려지기 시작하더니 곧 미술계의 스타가 되었고, 세계적인 화가가 되었다. 반 고흐는 평생 돈과 인연이 없는 사람이었다. 그는 이십 대에도 빈민이었고 삼십 대에도 빈민이었으며 죽을 때도 빈민이었다.

어떤 면에서 보면, 반 고흐는 피카소보다 더 위대한 재능을 가진 화가였다. 피카소가 화가 아버지의 빈틈없는 교육과 후원 아래 네 살 때부터 그림을 그렸던 반면, 반 고흐는 스물일곱 살부터 그림을 그리기 시작했기 때문이다. 이런 위대한 반 고흐가 어쩌다 피카소보다 못한 삶을 살게 되었을까? 피카소가 긍정적인 VD(vivid dream, 생생하게 꿈꾸기)를 했던 반면, 반 고흐는 부정적인 VD를 했기 때문이다."

위닝북스 대표 권동희는 저서 《미친 꿈에 도전하라》에서 '소설보다 자기계발서를 읽으라'고 강조하며 이렇게 말했다.

소설을 즐겨 읽는 사람들은 인생을 좀 느슨하게 사는 사람들이 많은 데 비해 자기계발서를 가까이하는 사람들은 치열하고 뜨겁게 사는 사람들이 많았다. 그들은 꿈과 목표를 하나씩 실현해 나가는 과정에서 기쁨과 행복을 만끽하고 있었다. 그들이 고군분투하며 살 수 있는 것은 매일 자신보다 성공한 사람들의 성공 스토리를 통해 동기

저하를 막는 예방주사를 맞기 때문이다.

청춘에게 꿈을 심어주는 드림 워커로 작가와 강연가로 행복한 삶을 살고 있는 그는 이어 이렇게 말했다.

성공한 사람의 자기계발서를 읽게 되면 살짝 배가 아프기도 하고 부럽기도 하다. 그러면서 나도 할 수 있다는 자신감을 느끼고 도전하게 된다. 이것이 자기계발서의 힘이다.

대한민국 대표 책 쓰기 코치로, 한국 책쓰기 코칭 협회 총수인 김태광 또한 자기계발서를 쓰는 작가로 유명하다. 그는 15년 동안 150권의 저서를 집필했는데 그중 대표적인 자기계발서로 《10대에 알았더라면 좋았을 것들》, 《청춘아, 너만의 꿈의 지도를 그려라》, 《청춘 스위치온》 등이 있다. 김태광은 책을 쓰는 것이야말로 '자기계발의 종결판'이라고 말한다.

한 권의 책을 쓰기 위해서는 수십 권의 책과 신문, 잡지 등을 읽으며 공부해야 하고, 또한 각 소제목에 맞는 콘텐츠를 찾기 위해 시간과 노력을 쏟아야 한다. 그러니 자연히 책 한 권을 쓰고 나면 그 분야에 더 깊이 있게 공부할 수 있게 된다.

가난한 집안에 평범한 외모 게다가 말더듬으로 온갖 고생을 하던 그는 꿈의 부재에서 작가의 꿈을 갖고 지금과 같은 성공한 삶을 만들기까지 10년이라는 시간을 감내해야 했다. 그가 10대를 위한 자기계발서를 많이 펴내는 이유는 지금의 10대들만큼은 일찍 확고한 꿈을 설정해 자신처럼 힘든 고통의 시간을 보내지 않았으면 하는 바람에서라고 한다.

나 또한 자기계발서를 읽으며 꿈을 키워 가고 있다. 성공한 사람들에 대한 책을 읽으며 그들도 나와 다름없이 처음부터 뛰어난 환경 속에서 자라지 않았음을 알았다.

성공한 사람들의 이야기를 보면 생활 태도든 생각이든 그들은 분명 성공할 수밖에 없는 힘을 가지고 있다. 이러한 위대한 힘을 나의 것으로 계발할 수 있는 가장 기본적이면서도 효율적인 방법이 자기계발서를 읽는 것이다. 만화책이나 여행서나 잡지나 인문서만 보는 사람에게 자기계발서와 같은 낯선 서적도 펼쳐보라고 말하고 싶다.

자기계발이란 잠재력을 발견하는 것

정혜윤은 자기계발이란 잠재력의 발견이라고 말한다. 잠재력이란 '미술에 숨겨진 재능이 있더라' 같은 말이 아니라 번데기가 나비가 되는 것이라고 강조했다. 조개껍데기를 열었더니 진주가 나오는 것과 같은 것이다. 자기계발이란 말이 창의성, 상상력이란 말과 더불어 이 시대에 가장 오염된 말이며 혹 자격증 취득과 스펙 쌓기를 통한 경쟁력 강화로 오해되어 쓰이고 있음을 지적했다.

현대는 자기계발과 정신병의 시대라고도 한다. 누군가 자기계발서를 가리켜 물에 빠진 사람에게 솜사탕이나 눈깔사탕을 내미는 것과 같다는 표현을 했다. 자기계발서는 우리의 다급하고 불안한 마음을 파고든다. 중요한 것은 우리가 어딘가에 도움을 청하고 있다는 것이다. 도움을 청하는 그 마음을 들여다보면 거기에는 먹고사는 문제를 해결해야 한다는 생각과 함께 인간답게 살고 싶다는 마음도 있다.

하지만 뭐 어떤가. 사실 자기계발서가 우리의 불안한 마음을 파고들어 ‘도움’을 준다면 얼마나 다행한 일인가. 나는 자기계발서를 통해 좁은 의식을 확장하고 ‘할 수 없다’는 부정적인 생각을 긍정적으로 바꾸게 되었다.

특히 웨인 다이어가 쓴 《행복한 이기주의자》는 나의 숨은 상처와 불안감을 과거로 시원하게 돌려보내는 데 결정적인 조언을 준 고마운 책이다.

거침없는 삶을 향해 첫발을 내딛으며 나의 ‘부정적인 생각’을 긍정적으로 바꾸게 된 것은 다름 아닌 ‘자기계발서’였다. 나는 ‘성경’ 다음으로 ‘자기계발서’를 신봉하게 되었다.

북코치 권윤구는 신간이든 고전이든 자기계발서를 읽어야 하는 이유는 수시로 동기가 저하되는 자신을 다시 추스르기 위함이라고 말한다. 다른 사람의 실패와 도전을 통해 ‘나도 할 수 있다’는 자신감이 생기기도 하고, 성공한 사람들의 생각을 내 것으로 만들기도 한다.

따지고 보면 사람들은 인생에서 너무나 중요한 문제에 대해 '왜'라고 묻지 않는다. 세상의 돌아가는 이치가 원래부터 당연하다는 듯이 말이다. 하지만 원래부터 인생은 당연한 것이 없다. 미래에 대한 준비 없이 그럭저럭 살라는 법은 어디에도 없다. 그런데도 사람들은 그렇게 살아간다. 숨은 잠재력의 진주와 나비를 발견하지 못한 채 살아가고 있을지도 모른다.

청춘아, 막막하다면 자기계발서를 읽어라. 빙하처럼 얼어붙은 의식을 깨면 진주와 나비가 너의 인생을 빛나게 해주리니.

PART TWO

흔들리는 만큼
성장하니까

시간을 붙잡고 늘어지면 다이아몬드가 된다

가장 바쁜 사람이 가장 많은 시간을 갖는다. **나폴레옹**

시간을 밀도 있게 사용하라

나의 아침 기상 시간은 매우 이르다. 새벽 세 시나 네 시쯤 이면 어김없이 커피 한 잔을 들고 서재에 앉아서 컴퓨터를 켠다. 예전에는 기상 시간이 새벽 다섯 시였는데 한두 시간 이 앞당겨진 때는 작년 8월 '책 쓰기'를 시작하고부터이다. 남보다 한참 늦은 나이에 작가가 된 만큼 나는 최소한 두 배는 치열하게 살자고 자신을 다독였다.

말콤 글래드웰의 《아웃라이어》 '1만 시간의 법칙' 처럼 하 루 3시간 10년이란 결코 짧은 시간이 아니다. 만약 시간을 압축해서 단기간에 성과를 내려면 하루 6시간 5년의 세월이 필요하고, 하루 12시간 집중하면 2년 반의 시간이면 된다. 바쁘다는 말은 시간을 밀도 있게 사용한다는 뜻이다. 만약 쓸데없는 데 시간을 낭비하지만 않는다면 바쁘게 살면서 '아웃라이어'가 될 수 있다.

사랑하는 애인과 함께 있는 한 시간은 후딱 지나가지만, 엘리베이터에서 낯선 사람과의 몇 초가 굉장히 길게 느껴진 경험이 있을 것이다. 언젠가 우리 반 아이들과 1분에 대한 개인의 지각을 체험하는 시간을 가진 적이 있다.

"자, 눈을 감고 선생님이 '시작'이라고 알리는 때부터 1분이 지났다고 생각하는 시점에 손을 들어보세요."

그런데 놀라운 것은 1분이 되기 전에 손을 든 아이가 대부분이고 1분에 거의 가까운 시간에 손을 든 아이가 몇 명 되지 않았다. 우리는 흘러가는 시간에 집중할 때 느리게 지나가는 느낌을 받는다. 1분이 지났다고 생각했는데 아직 1분이 되려면 한참 멀었다. 할 일이 태산같이 많을 때는 시간이 부족하고, 할 일이 없어 빈둥거릴 때는 지루한 느낌이 드는 것과 같다.

"가장 바쁜 사람이 가장 많은 시간을 가진다"고 말한 알렉산드리아 피네의 말처럼 시간은 사용하는 사람에 따라 그 밀도가 달라진다. 시간을 낭비하지 않고 소중하게 사용한다면 그 시간은 배신하지 않고 값진 열매를 가져다주기 마련이다.

시간관리가 중요하다

세계적인 동기부여가이자 최고의 구루 중 한 사람인 브라이언 트레이시가 쓴 제목이 특이한 책이 있다. 바로 《개구리를 먹어라》이다. 여기서 '개구리'는 지금 당장 처리하지 않으면 십중팔구 뒤로 미룰 것이 확실한 일, 그러나 가장 중요하고 커다란 비중을 차지하는 일을 말한다. 말하자면 우리가 살아가면서 가장 하기 싫고 어렵지만, 꼭 해야 하는 것이다. 보통 사람들은 힘들고 어려운 일은 뒤로 미루는 경향이 있다. 그런데 그 커다랗고 징그럽고 못생긴 '개구리를 먹어 치움'으로써 성공의 길에 가까이 갈 수 있다고 말한다.

나는 이 책을 읽고 작은 것부터 실천하고 있다. 나에게 글을 쓰는 일은 브라이언이 말한 '개구리'이다. 몇 시간을 물고 늘어져야 비로소 가슴에서 소화되는 그런 애물이다. 하지만 그런 힘들고 고통스러운 시간과 노력 후에 오는 성취감은 엄청나다.

"우리에게는 언제나 충분한 시간이 있다. 단지 우리가 시간을 올바르게 쓰려고만 한다면."

독일 문학의 최고봉인 요한 볼프강 폰 괴테가 한 이 말에 저절로 고개를 끄덕이게 된다.

중국 만송 때의 나대경羅大經이 지은 수필집《학림옥로鶴林玉露》에는 세상 이치를 깨닫게 해주는 이야기가 있다.

장괴애라는 사람이 승양현의 현령을 지낸 때의 일이다. 창고지기가 엽전 하나를 훔쳐 나오다 발각되었다. 장괴애는 그 하급 관리에게 장형을 내렸다. 하지만 창고지기는 그 처분에 불복했다. 겨우 엽전 한 푼을 가지고 나온 것에 비해 처벌이 너무 과하다는 것이었다. 이때 장괴애는 다음과 같이 말하면서 그를 처벌했다.

"비록 하루에 돈 한 푼일지라도 1,000일이 되면 1,000

푼이 된다. 이는 마치 노끈으로 오래 마찰하면 나무를 벨 수 있는 것과 같고, 물방울이 돌 위에 계속 떨어져 마침내 돌을 뚫는 것과 같은 이치다."

이처럼 한 푼이라도 모으면 목돈이 된다. 노끈이나 물방울이라도 오랜 시간이 지나면 나무를 베거나 돌을 뚫는 결과를 얻게 된다. 아무리 보잘것없는 일이라 하더라도 원하는 성과를 얻으려면 작은 수고와 반복적인 노력을 기울이는 시간이 필요하다. 변화경영연구소를 이끌던 고故 구본형도 《익숙한 것에서의 결별》에서 시간의 중요성에 대해 이렇게 언급했다.

'지금 시간을 낸다는 것'은 자신의 시간을 중요한 일에 쓸 수 있다는 것을 말한다. 중요한 일에 시간을 쓰지 못하면 그 시간은 자신이 소유가 아니다. 그것은 당신에게 그 일을 시킨 사람의 시간이 된다. 먹고살기 위해 시간을 팔았다면, 그것은 자유를 판 것이며, 아무래도 훌륭한 행위라고 말할 수는 없다. 따라서 자신의 삶을 위해 시간을 낼 수 있도록 해야 한다.

시간을 투자하지 않고 얻는 성과는 없다

파블로 카잘스는 위대한 첼리스트이다. 그는 95세가 되었을 때도 하루에 여섯 시간씩 연습하는 것으로 알려졌다. 이미 위대한 대가가 되었지만 매일 연습할 때 실력이 조금씩 향상됨을 느꼈다고 한다.

한 시대를 풍미했던 전설적인 밴드 비틀스의 성공 뒤에도 엄청난 연습이 있었다. 비틀스가 고교의 록 밴드에 불과했던 1960년대에 독일 함부르크에 초대를 받았다. 그들은 함부르크에서도 매일 쉬지 않고 하루 8시간씩 연습했다. 결국, 1964년부터 세계적인 록밴드의 명성을 날릴 수 있었다.

영화 〈쇼생크 탈출〉의 주인공 앤디는 아내와 정부를 살해한 혐의로 교도소에 수감된다. 그는 자루의 길이가 15센티미터 남짓한 돌 공예용 망치로 쇼생크의 벽에 구멍을 뚫는 위험한 일을 매일 계속한다. 그의 희망은 단 한 가지, 감옥을 탈출하는 것이다. 그는 교도관이 시키는 대로가 아닌 자신만의 생각으로 희망을 만들어 갔다. 앤디에게 감옥은 희망을 옥죄는 것이었기 때문에 그곳에 갇혀 있을 수 없었다.

마침내 쇼생크의 벽이 무너져 내리고 죄수들이 자유를 향해 달려간다. 그 일로 앤디는 다시 독방에 감금되지만, 그의 희망은 멈추지 않는다. 앤디에게 감옥은 절망이 아니라 죽음이었기 때문이다.

이 영화에서 놀라운 것은 구멍을 뚫는 앤디의 엄청난 집중력이다. 처음에는 겨우 바늘이 들어갈 정도의 작은 구멍이 사람이 탈출할 수 있는 터널이 되기까지 지루한 작업을 쉬지 않고 해낸다. 누에가 고치를 짓고 그곳에 안주하듯 사람이 편하고 일상적인 생활에 의문을 갖지 않고 생활한다면 누에와 다름없는 생활을 하기 쉽다. 앤디는 자신에게 주어진 삶에 낙심하고 포기하는 대신 위험을 각오하고 절망과 맞섰다. '도끼를 갈면 바늘이 되듯' 작은 구멍이 터널이 되기까지 자신의 꿈을 향해 달려가는 시간이 있었기에 그는 빛을 볼 수 있었다.

앤서니 라빈스는 《네 안의 잠든 거인을 깨워라》에서 '시간을 조절하는 능력'에 대해 이렇게 말했다.

초점을 옮겨 시간의 틀을 바꾸는 능력을 계발하라. 1분을

1시간처럼 느끼고, 1시간을 1분처럼 느끼도록 시간을 조절하는 능력을 말한다. 어떤 일에 전적으로 몰두하면 시간 가는 줄 모른다. 시간에 집중하지 않았기 때문이다. 즐거운 일에 빠지면 시계를 보지 않게 된다. 시간은 통제할 수 있다는 걸 알아야 한다. 초점을 어디에 둘지 결정하고 시간 측정 방법을 선택하라. 시계를 계속 보고 있으면 시간은 기어간다.

다시 말하자면 시간 경험은 초점을 어디에 두느냐에 따라 통제된다. 시간을 어떻게 이용하고 있는가? 시간을 소비하는가? 낭비하는가? 죽이고 있는가? "시간을 죽이는 것은 살인행위가 아니라 자살행위이다."라는 옛말도 있다.

기억하라. 흘러가는 시간을 붙잡고 늘어지면 다이아몬드가 된다. 한순간도 삶에서 시간이 새지 않도록 단속해라. 그러면 어느덧 성공의 문 앞에 다다를 테니.

도도새가 사라진 이유

성공은 결과이지 목적은 아니다. G. 플로베르

나는 능력을 잃어버린 새

도도새는 인도양의 모리셔스에 서식하던 새다. 칠면조보다 크고 몸무게는 23킬로그램 정도이며 작고 쓸모없는 날개와 노란색의 억센 다리를 가졌다. 후미에는 곱슬한 깃털 술이 높이 솟아 있고 깃털은 청회색이며 부리는 검은색을 띠고 있다. 도도새에게는 모리셔스 섬이 지상 낙원과 같았다. 먹이도 풍부하고 천적도 없었다. 이 새는 모리셔스 섬에서 오랫동안 아무 방해 없이 살았기 때문에 하늘을 날아야 할 필요가 없어서 나는 능력을 잃었다고 한다.

1505년, 포르투갈인이 섬에 최초로 발을 들여놓음에 따라 도도새는 선원의 먹잇감이 되었다. 이 때문에 도도새는 점점 그 수가 줄어들었다.

이후에는 네덜란드인이 이 섬을 죄수들의 유형지로 삼으면서 죄수들과 함께 원숭이와 쥐가 유입되었다. 생쥐와 원숭이에게 쉽게 알을 뺏김으로써 도도새는 위험에 빠지게 되었다. 결국 한때 많은 수를 자랑하던 도요새는 1961년에 멸종되었다.

학자들은 도도새의 멸종 이유를 모리셔스 섬에 천적인 포유류가 없었기 때문이라고 말한다. 사방에 먹이도 많고 자신의 존재를 위협하는 동물이 없었기 때문에 도도새는 자신의 날개를 사용할 필요가 없게 되자 점점 도태되었다.

괴테는 《파우스트》에서 인간은 노력하는 한 방황하는 법이라고 말했다. 도도새처럼 너무 편안해서 정체된 청춘보다 차라리 방황하는 편이 낫다. 이리저리 부딪혀서 생채기가 나고 때로는 절망이 오더라도 방황하다 보면 뜻하게 않게 지름길을 만날 수도 있다.

KFC의 창립자인 커널 샌더스는 '1,008회의 거절'을 당한 끝에 1,009번째에 이르러서야 성공을 이루었다.

샌더스는 어린 시절 아버지를 여의고, 홀로 생계를 책임지는 어머니를 대신해 두 동생을 돌보며 집안일을 도맡아 했다. 어머니가 재혼을 하며 의붓아버지로부터의 폭력을 당한 샌더스는 집을 나와 농장 인부, 보험설계, 철도 노동자 등을 전전하다가 식당을 개업한다. 정식으로 요리사가 되어 한창 번창하던 중 그의 가게 앞으로 도로가 생겨 손님이 끊기면서 그는 다시 빈털터리가 되었다. 그의 나이 65세였다.

그의 수중에는 정부 보조금 단 105달러뿐이었다. 그는 이에 굴하지 않고 자신의 요리법을 사줄 후원자를 모집하기 시작했다. 샌더슨은 사업자들에게 1,008회나 거절을 당한 끝에 1,009회째에 후원자를 찾을 수 있었다.

그는 포기하지 않고 그 대신 무엇인가를 이루어내려고 애를 썼다고 말한다. 실패하는 것도 좌절하는 것도 인생을 살면서 겪는 공부로 생각하면서 현실에 낙담하기보다 더 나은 미래를 꿈꾸라고, 어려운 고비 뒤에는 성공이 숨어 있다고 이야기한다.

'실패와 좌절의 경험을 인생 공부'라고 생각하였기에 그는 당당하게 극복할 수 있었다. 인생의 모든 순간을 결코 하찮게 여기지 않고 걸어왔기에 성공의 문턱에 다다랐다. 절망이라는 천적이 없었다면 찬란한 성공이 아니라 도도새처럼 그저 자신이 처한 환경에 안주했을지도 모른다.

계속해서 실패하라

무려 5,216번이나 실패했다가 성공한 인물이 있다. 진공청소기로 유명한 영국 가전업체 다이슨의 창업자이자 회장인 다이슨이다. 영국 왕립예술대학 출신의 디자이너였던 다이슨은 젊은 시절 수륙양용차와 정원용 수레 디자인으로 각종 디자인상을 휩쓸었다. 그러던 어느 날, 집에서 청소하다가 청소기가 자꾸 막히고 흡입력이 떨어지자 불만이 생겼다. 그는 그 이유가 먼지 봉투가 막혀 있기 때문이라는 걸 알았다.

그때부터 다이슨은 먼지 봉투가 필요 없는 청소기 개발에 몰입했다. 18년 동안 5,216번이나 실패한 끝에 5,217번째 시제품에 성공했다. 당시 많은 사람은 허송세월한다며 그를 비아냥댔지만 이에 아랑곳하지 않고 도전한 끝에 먼지 봉투가 필요 없는 진공청소기를 발명했다.

다이슨사는 2008년 영국과 미국 시장에서 진공청소기 판매 1위를 차지하며 매출 1조 4,000억 원을 넘어서는 거대 기업으로 우뚝 섰다. 다이슨 회장이 직원들에게 남긴 유명한 명언이 있다.

"계속해서 실패하라. 그것이 성공에 이르는 길이다. 실수나 실패는 발견에 한 발짝씩 다가가는 과정이므로 성공만큼 값지다."

나는 다이슨의 말을 기억하며 마음을 다독거려 본다. 정전된 집 안에 갇힌 것처럼 암담한 현실 속에서 실패는 내가 나아가는 길에 발목을 잡는 애물단지로 알았다. 크고 작은 실수를 할 때마다 자책과 괴로움이 얼마나 쓰고 아린지 경험해 본 사람은 알 것이다.

작년에 책 쓰기를 시작하고부터 새로운 고뇌가 시작되었다. 아나운서에서 여행 작가로 변신한 손미나는 '글을 쓴다는 것은 80퍼센트의 고통스러운 시간과 20퍼센트의 기쁜 순간이 혼합된, 행복하기 힘든 비율의 작업'이라고 말했다. 글이 잘 써지지 않을 때, 출판사에서 거절의 피드백이 메일에 쌓여갈 때 가끔 원고를 집어치고 싶은 순간도 있다.

그러나 어느 새 원고를 붙잡고 씨름하고 있는 나를 발견한다. 겨우 익힌 수영 실력으로 태평양 바다에 뛰어든 무모함을 견제해주는 것이라 생각하면 이보다 더 고마울 때가 있을까? 한술 밥에 배 부르려는 나의 고약한 심보를 일찌감치 고쳐주려는 마음일 수도. 아니면 이따금씩 ‘걸음의 속도를 멈추고 영혼이 따라올 시간을 준다’는 아프리카 원주민처럼 잠깐 나의 글을 돌아보는 시간을 주는 것인지도 모른다.

행복해 보여도 우리는 누구나 한 줌의 고민과 방황은 있기 마련이다. 그 역경의 시간을 피하고 싶어 하지만 도도새처럼 편안히 살다가 도태되지 않으려면 우리에게는 천적이 필요하다. 그 천적은 나를 힘들게 하지만, 내가 험한 세상에서 살아남아 창공을 날게 도와주는 고마운 바람이다.

청춘에게 필요한 건
위로가 아니다

계속해서 실패하라. 그것이 성공에 이르는 길이다. 제임스 다이슨

일어나! 다시 한번 해 보는 거야

일어나 일어나 다시 한번 해 보는 거야

일어나 일어나 봄의 새싹들처럼

가볍게 산다는 건 결국은 스스로를 얽어매고

세상이 외면해도 나는 어차피 살아 있는걸

아름다운 꽃일수록 빨리 시들어 가고

햇살이 비추면 투명하던 이슬도 한순간에 말라버리지

김광석의 노래 '일어나'의 일부분이다. 요즘 방황하는 청춘의 모습을 보는 것 같기도 하고, 앞이 보이지 않아 우울했던 나의 스무 살을 보는 것 같아 마음이 '찡'하다. 지치고 흔들리는 청춘에게 "일어나! 일어나!"라고 손을 내미는 모습이 감동으로 다가온다.

청춘은 젊고 아름답지만 그만큼 빨리 지나간다. 또한 활화산처럼 힘이 솟기도 하고, 금방 휴화산으로 변하기도 하는 격정의 때이다. 그래도 한 발 한 발 내딛어야 한다. 배가 망망대해에서 목적지를 향해 갈 때 표류하거나 정박해서는 안 되듯 말이다. 20대의 하루는 소중하지 않은 날이 없는 인생 최고의 날이기에 매일 빛을 내고 갈고닦아야 한다.

마음이 젊은 사람이 청춘이다

나이를 먹어도 마음의 젊음을 유지하는 청춘이 있다. 바로 일본 마쓰시타 그룹의 회장 마쓰시타 고노스케이다. 내셔날, 파나소닉, 테크닉스 등 빅 브랜드를 비롯해 산하 570개 기업에 종업원 13만 명을 거느린 거대 그룹의 회장은 '경영의 신'이라고 불린다. 미국의 대표적인 주간지인 〈타임〉의

표지를 장식하기도 하고, 삼성 이건희 회장이 가장 존경하는 인물이기도 하다.

23세라는 어린 나이에 창업해 94세까지 무려 70여 년 동안 그가 깨달은 기업 경영의 지혜는 수많은 경영인의 바이블이 되었다.

길을 걷다 갑자기 소나기가 내리면 여러분은 어떻게 하십니까? 먼저 가방에서 우산을 꺼내 쓰겠지요? 만약 우산이 없으면 비를 막을 수 있는 어떤 것이라도 뒤집어쓸 겁니다. 그나마 손에 잡히는 것이 없다면 비를 맞을 수밖에 없습니다. 비를 맞는 것은 어쩔 수 없지만, 여기에서 배워야 할 것이 있습니다. 비 오는 날 우산이 없는 까닭은 화창한 날에 방심하여 비 올 때를 대비해 준비하지 않았기 때문인 점을 깨닫는 것입니다. 더불어 다음에 비를 맞지 않겠다는 다짐을 하는 것입니다. 앞으로 여기 모인 여러분은 마쓰시타 그룹을 이끌어 나갈 인재입니다. 오늘날처럼 세계가 급속도로 변해가는 시점에서는 미래에 대한 철저한 준비가 필요합니다. 그게 앞으로 여러분이 이곳에서 할 일입니다.

  성공 비결을 묻는 신입 사원의 물음에 대한 마쓰시타 회장의 대답은 더욱 걸작이다.

"가난한 것, 허약한 것, 못 배운 것."

  가난한 것이 성공 비결이라고? 허약한 것, 못 배운 것이 성공 비결이라고? 이제까지의 상식을 뛰어넘은 그의 말은 어떤 의미일까. 가난하고 허약하고 못 배운 것, 그 자체는 결핍이지만 그 결핍을 채우려고 젖 먹던 힘으로 열정을 보탠다면 그것이 바로 성공 비결이다.

  스타 강사 김미경은 《드림온》에서 무명 시절에는 일이 꿈이 아니라 '노동'이라고 말한다. 그 시절의 꿈은 오직 고된 노동만을 먹고 자라고, 그런 하루하루가 모여 10년이 지나면 비로소 나다운 꿈이 되는 거라고 조언했다.

결핍이 밥이다

아무리 좋은 환경이라도 스스로 열정을 일으키지 못한다면 그 환경은 오래가지 못한다. 어릴 때부터 부잣집에서 자란 한 친구는 간절히 원하는 절실한 꿈이 없다. 그가 원하지 않아도 부모가 알아서 자동차도 사주고 결혼할 때 집도 사주었다. 아이들과 그럭저럭 살고 있지만, 그는 꿈이 없이 무기력하게 살아간다. 매일 어제처럼 오늘도 아무 일이 없기만을 바라면서 말이다.

마쓰시타 회장처럼 무언가 삶에 결핍 센서가 작동하면 가슴 밑바닥에서 절박함이 솟아오른다. 나 또한 늘 결핍 센서가 작동한 것이 있었다. 바로 '가난'이었다. 가난 때문에 하마터면 나의 가방끈은 초등학교로 끝날 뻔했다.

고등학교 때는 친구들은 부모님이 싸주는 맛있는 도시락을 먹을 때, 나는 불 꺼진 냉방에서 아침에 싸갈 도시락 반찬거리를 걱정해야 했다. 대학을 다닐 때도 매일 용돈이 떨어질까 봐 전전긍긍하며 살았다. 지금 생각해보니 그때 못 가진 것에 대한 절박함이 나를 이끌어 왔음을 이제야 고백할 수 있다. 소설가 이외수가 이런 말을 한 적이 있다.

"배고픔은 내게 꿈을 확인시켜주는 도구다."

나는 '가난'이라는 결핍을 채우려고 공부를 택했다. 교사라는 꿈을 향해 가려면 공부라는 노동이 필요했다. 친구들

과 대화하는 시간도 아끼면서 소위 친구들이 별명으로 붙여
준 '괴물'이 되었다. 고등학교 1학년 때의 성적인 전교 100
등이 도저히 갈 수 없는 교대를 가볍게 입학했으니 말이다.
 지금도 나의 인생 이막의 도전은 계속되고 있다. 결핍된
시절의 가난에 대한 한은 '꿈'으로 자라나고 있다. '가난한
것, 허약한 것, 못 배운 것'이 성공의 비결이라는 마쓰시타
회장의 말에 공감한다. 문득 이런 말이 기억이 난다.

만약 우리가 꿈을 아직도 갖고 있다면 우리는 청년이다.
그러나 우리가 꿈을 포기하고 오늘만을 바라보고 있다면
우리는 노인이다.

 청춘 시절이 아무리 어렵더라도 꿈에 부풀어 있다면 어떤
어려움도 이겨낼 수 있다. 반대로 꿈이 없다면 청춘이랴도
노인과 다름없는 인생을 살게 된다는 말이 아니겠는가.
 박지성 선수는 고등학교 시절만 해도 주목받지 못했다. 키
가 작고 체격도 스피드도 아주 뛰어나지 못했다. 그러나 그
는 포기하지 않고 남들보다 2배, 3배 더 뛰고 달렸다.

감독의 추천으로 명지대에 입학하고, 인물을 찾아나선 히
딩크 감독에게 발견되었다. 히딩크 감독은 오늘날의 박지
성을 있게 해준 지도자다. 물론 박지성이 대표 팀에 발탁된
것은 2000년 시드니 올림픽 당시 올림픽 대표 팀을 이끈 허
정무 감독이지만, 박지성의 실력을 폭발하게 한 사람은 히
딩크 감독이라고 할 수 있다.

박지성은 많은 사람의 반대에도 맨체스터 유나이티드로
이적하여 초반에는 야유와 비난이 있었지만 점점 괄목할 만
한 활약을 펼쳤다. 여러 차례 무릎 수술과 수술 후의 슬럼
프를 극복하기까지 암울한 순간도 있었으리라. 하지만 그
에게 빛나는 축구 인생을 가져다준 것은 다름 아닌 세계적
인 축구 선수라는 꿈이었다. 그 꿈이 평발과 작은 키라는
결핍을 극복할 수 있는 판도라 상자와 다름없었다.

청춘에게 필요한 것은 위로가 아니다. 어깨를 두드려준다
고 무엇이 달라지나? 그대에게 결핍은 무엇인가? 그 속에
밥이 있고 답이 있다.

인생은 속도가 아니라 방향이다

오랫동안 꿈을 그리는 사람은 마침내 그 꿈을 닮아간다. 앙드레 말로

인생은 장거리 마라톤

인생은 달리기로 비유하자면 장거리 마라톤이다. 100미터 달리기처럼 앞만 보고 전력 질주하여 승부를 결정짓는 단거리 경주가 아니다.

김난도가 말한 '인생 시계'에 비유하자면 24세는 아침 7시 12분이다. 장거리 마라톤으로 치면 스타트 라인을 출발하여 어디쯤 가고 있다고 생각하는가? 장거리 마라톤 공식 거리가 42.195킬로미터라고 볼 때 몇 킬로미터를 지나고 있을까?

평균 수명이 늘어나 '100세 시대'를 앞두고 있다. 계산기로 셈해 보자. 정확히 10.1268이다. 대학을 졸업할 나이 24세라고 한다면 42.195킬로미터 중 10킬로미터를 지나고 있다.

아직 4분의 1도 채 오지 않았다. 단거리가 속력이 중요한 경기라면 장거리 마라톤은 속력보다 스피드 조절이 더 중요하다. 이제 10킬로미터쯤이면 점점 뒤로 밀리거나 급기야는 포기하고 주저앉는 사람도 있다. 갑자기 난코스도 만날 수 있고, 난데없이 이상한 사람이 뛰어나와 길을 막는 상황이 올 수도 있다. 어쨌든 포기하지 않고 결승점을 통과한다면 누구나 박수를 받을 일이다. 등수를 떠나서 자신과의 싸움에서 승리했기 때문이다.

인생은 마라톤이다. 아직 젊은 그대는 갈 길이 멀다. 그대는 어디를 향하여 가고 있는가. 혹시 방향을 잃지는 않았는가?

속도보다 방향이 중요하다

남원북철南轅北轍이라는 사자성어가 있다. 수레의 끌채는 남을 향하고 바퀴는 북으로 간다는 사자성어이다. 마음과 행위가 모순되고 있음을 비유한 말이다. 옛날 중국 조나라에 계량이라는 사람이 있었다. 그가 어느 날 왕 앞에서 들려준 한 이야기가 사자성어의 배경이 되었다.

왕이시여, 여행길에서 수레를 타고 북쪽을 향해 가는 상인을 만나게 되었습니다. 그 사람은 저에게 초나라로 가려 한다고 했습니다. 초나라는 남쪽에 있는데 왜 남쪽으로 가지 않고 북쪽을 향해 가느냐고 묻자 이렇게 답했습니다.

"걱정 말게. 내 말은 아주 빨리 달리는 좋은 말이네."

저는 그 사람에게 말이 아무리 좋아도 북쪽으로 가면 절대로 초나라에 도달할 수 없다고 가르쳐주었습니다.

그 사람은 제 말이 끝나자 수레 위의 큰 자루를 가리키며 말하더군요.

"걱정하지 말게. 내 여비는 충분하네."

저는 또 여비가 아무리 많아도 북쪽으로 가면 초나라에 다다를 수 없다고 거듭 말해주었습니다.

그러자 그는 이렇게 대꾸했습니다.

"걱정하지 말게. 내 마부는 말을 아주 잘 몬다네."

그는 어리석게도 말이 빨리 갈수록 마부가 말을 잘 몰수록 그가 가고자 하는 초나라와 점점 멀어진다는 사실을 모르고 있었습니다.

마라토너가 아무리 페이스 조절을 잘하고 뛰어난 체력을 가지고 있다 해도 결승점이 아닌 다른 방향으로 간다면 어떨까? 수레의 끌채는 남으로 향하고 바퀴는 북으로 간 상인과 같은 형국이라면 어떨까? 그대는 어떤가? 마음은 남쪽으로 향했는데 몸은 북쪽으로 가고 있지는 않은가?

예를 들어보자. 아침에 눈을 떴다. '일어나야지!' 마음은 굴뚝같은데 몸은 이불 속에서 뒹굴고 있다. '책 좀 읽어야지!' 결심했는데 나도 모르게 컴퓨터 앞에서 마우스를 굴리고 있다. '이렇게 살면 안 돼!'라고 생각하면서도 계속 그런 삶을 살고 있다. 한마디로 실행력이 없는 삶은 단 1밀리미터도 앞으로 나아가지 못하게 한다.

자신이 원하지 않은 삶에서 과감히 180도 돌아선 일본 변호사 오히라 미쓰요가 있다. 2001년 한국을 방문한 오히라 미쓰요가 한국 소년원에서 특강을 한 적 있다. 그의 강의가 끝나자 우레와 같은 박수가 쏟아졌다. 소년원의 아이들의 눈에서 하염없는 눈물이 흘렀다.

《그러니까 당신도 살아》를 쓴 작가이기도 한 오히라 미쓰요는 일본 효고원에서 외동딸로 태어났다. 중학교 때 반 아이들 전체에게 왕따를 당하면서 그의 인생은 빗나가기 시작했다.

아이들에게 심한 욕설을 듣고 발로 차이고 머리채를 잡힐 때마다 마음에 증오심이 불타올랐다. 그 사실을 담임교사에게 이야기했지만 보호막이 되어주지 못했다. 절망에 빠진 미쓰요는 견디다 못해 칼로 자신의 배를 찔러 자살을 시도했다. 간신히 사람들에게 발견되어 목숨을 건지고 학교로 돌아갔지만 따돌림은 더 심해졌다.

이후 그는 가출해 비행 청소년과 어울리다 조직 폭력단에 들어간다. 불과 16세에 야쿠자 보스와 결혼을 하고, 온몸에 문신을 새기고 호스티스로도 일한다.

"이게 아니야. 이건 내가 원하는 삶이 아니야."

절망의 세월이 흘러갈 때, 미쓰요에게 생의 전환점이 찾아왔다. 아버지 친구인 오히라 히로사부와의 만남이었다. 그는 미쓰요에게 새로운 삶을 살도록 격려했다.

"네 인생이 망가진 건 모두의 책임이다. 하지만 언제까지 정신 못 차리고 사는 건 네 책임이다. 네가 남의 탓으로 돌린다고 해서 남이 네 인생을 살아주는 것은 아니다."

이때부터 미쓰요는 새로운 삶을 살기로 하고 공인중개사 시험, 법무사 시험, 변호사 시험을 연이어 합격해 자신의 바람대로 비행 청소년 전문 변호사로 활동했다. 아이들을 만나 이야기를 들어주고 그들의 고통을 나누며 희망의 증거가 되었다. 청소년 문제가 시작되면 가장 먼저 언론에서 찾는 게 바로 미쓰요이다. 미쓰요가 그토록 원하던 삶이 시작된 것이다. 그는 자신의 저서에서 이렇게 말했다.

지금이 출발점. 인생이란 하루하루가 훈련이다. 나 자신을 갈고닦는 훈련의 장이고 실패해도 되는 훈련의 장이며 삶의 감동을 맛볼 수 있는 훈련의 장이다. 이 기쁨을 발판 삼아 힘껏 나아가자. 나 자신의 미래는 지금 이 순간 여기에 있다. 지금 여기에서 노력하지 않는다면 그 노력은 언제 할 것인가?

중요한 것은 결정적인 때에 내 선택이다. 어떤 사람은 돌아가기에는 너무 멀리 와서 자포자기로 방향을 틀지 않는다. 그러나 인생은 얼마나 빨리 달리느냐보다 내가 가슴으로 원하는 방향으로 가고 있느냐가 더 중요하다.

미국 드라마 〈로스트〉에 "인생에서 늦은 때란 결코 없다"는 대사가 나온다. 아직 청춘인 그대에게 늦은 때란 결코 없다.

이미 더 넓은 세상으로 나아가는 출발의 팡파르가 울렸다. 인생의 파노라마가 그려졌는가? 그렇다면 주저하지 말고 곧바로 나아가라. 아직 확신이 없는가? 그렇다면 천천히 속도를 늦춰라. 그러나 멈추지는 마라. 일하면서 생각하라. 공부하면서 생각하라. 자면서도 생각하라. 그대의 가슴이 그대에게 무엇을 시키는지, 어디를 가리키는지.

기억하라. 인생은 속도가 아니라 방향이다.

부는 바람이 뿌리를
튼튼하게 한다

그래. 조금 흔들려도 괜찮다. 나와 당신의 흔들림은 지극히 당연한 '어른 되기' 여정이기에. **김난도 《천 번을 흔들려야 어른이 된다》**

벼랑 끝에서 승부수를 던지다

이 세상에는 수많은 고급 브랜드의 향수가 있지만, 세상에서 가장 향기로운 향수는 발칸 산맥의 장미에서 나온다고 한다. 발칸 산맥의 장미는 가장 춥고 어두운 시간인 자정에서 새벽 2시에 딴다. 한밤중에 가장 향기로운 향을 뿜어내기 때문이라고 한다.

또한 세계적으로 가장 공명이 잘되는 명품 바이올린은 로키 산맥 해발 3,000미터 높이에 있는 수목한계선 나무로 만든다고 한다. 이 지대의 나무들은 매서운 바람으로 인해 곧

게 자라지 못하고 무릎을 꿇고 있는 모습을 한 채 살아가는데, 열악한 조건 속에서 생존을 위해 무서운 인내로 살아가는 무릎을 꿇은 나무는 온갖 역경과 아픔을 겪었기에 세상에서 가장 아름다운 소리를 낼 수 있다고 한다.

가장 춥고 어두운 시간에 가장 향기로운 향을 뿜어내고, 매서운 바람을 견딘 나무가 가장 아름다운 소리를 내듯이 인생도 마찬가지이다. 힘든 고난의 시기를 견딘 사람은 더 단단해진다. 온실 속에서 자란 나무나 화초는 비바람을 맞아 본 적이 없어 약하디 약하고 쉽게 꺾인다. 반면 태풍과 소나기를 맞고 자란 나무는 강하게 자란다. 예방 주사를 맞은 사람이 질병을 이길 면역력을 갖는 것과 같다.

신지애는 시련과 어려움 속에 아시아인 최초로 여자 골프 세계 랭킹 1위에 등극해 파이널 라운드의 여왕이 되었다.

그는 중학교 때 집안 형편이 어려워져 골프 훈련비가 없었다. 그러나 포기하지 않고 여러 골프장을 찾아다니며 연습할 기회를 달라고 사정했지만 어린 학생을 받아주는 사람이 좀처럼 없었다. 그때 한 골프장 사장이 그에게 연습장을 제공해 주고 연습할 수 있도록 도와주었다.

2003년 어느 날, 신지애에게 감당하기 어려운 시련이 불어닥쳤다. 딸의 경기를 보러 가던 어머니와 동생이 교통사고를 당해 안타깝게도 모친은 세상을 떠나고 말았다. 그의 아버지는 딸에게 1,500만 원을 쥐어주며 말했다.

"네 엄마 목숨과 바꾼 돈이다. 이 돈으로 너 골프 열심히 시킬 테니까 꼭 잘해라."

한 방송 프로그램에서 신지애는 이 같은 일화를 눈물로 고백한 적이 있다. 그는 휴대전화 바탕화면에 '훈련은 근육의 지능을 만든다'라는 문구를 저장해 놓고 자주 들여다보며 스스로 동기를 부여했다. 언젠가 반드시 박세리처럼 되겠다는 일념 하나로 하루도 빠짐없이 연습에 올인했다. 겉으로 보이는 모습과 달리, 그의 내면에는 슬픔과 고통이 녹아들어 독하게 고난도 훈련을 5년간 매일같이 해냈다.

"내겐 골프는 언제나 벼랑 끝의 승부수였다. 온 가족을 구할 수 있는 마지막 수단이 프로 전향이었다."

벼랑 끝에서 승부수를 던진다는 건 아무나 할 수 있는 일이 아니다. 엄마의 죽음은 그를 절박하게 했다. 그 절박함이 그를 올인하게 했다. 중요한 것은 절박함과 끈기이다.

이 두 가지가 있으면 쉽게 포기하지 않는다. 우리는 잎사귀에 이는 바람에도 불안해하며 밤을 새울 수 있다. 그래도 가슴이 터질 듯한 불안을 껴안고 가라. 인생에서 단 한 번밖에 주어지지 않은 청춘의 밤에 성장통을 경험하는 것이다. 마음이 아픈가. 그래도 찢어지는 아픔을 느끼고 가라. 그 불안이 그 아픔이 어제보다 나은 오늘, 오늘보다 나은 내일을 만들 테니.

실패는 두렵지 않다

오프라 윈프리는 자신의 아픈 경험을 인생의 자양분으로 삼아 '토크쇼의 여왕'이 되었다. 그는 2013년 〈포브스〉가 선정한 세계에서 가장 영향력 있는 유명인사 100인에 이름이 올라가는 영광을 안았다.

그는 지독히 가난한 어린 시절을 보냈다. 감자 포대로 만든 옷을 입었다고 하여 '감자 포대 소녀'로 불렸고, 14세의 나이에 출산을 하고 곧 아이를 잃었으며, 엉망진창인 삶을 살았다. 그런 오프라가 내슈빌의 고등학교에서 연극부와 토론 팀에 참여하면서 자신감을 찾기 시작했다.

바닥까지 내려가서 뼛속 깊이 절망을 느껴 본 사람은 희망의 불빛을 보면 달라붙게 되어 있다. 누구나 경험하는 일상의 모든 것에서 기회를 만날 수 있다. 같은 상황에서 어떤 사람은 뻔한 일상이 되지만 어떤 사람은 기회가 될 수 있다.

윈프리는 화재 예방 미인 대회에 나가 상을 타는가 하면 방송의 토크쇼에서 성공을 거두면서 이름이 알려지기 시작했다. 그는 토크쇼를 통해 많은 사람들과 공감하고 같이 아파하며 큰 인기를 얻었다. 과부 사정 과부가 안다고 윈프리가 아픔을 겪지 않았다면 약자의 고통과 슬픔을 얼마만큼 이해할 수 있었을까?

결국 윈프리의 성공은 그의 어릴 적 고통과 아픔의 세월 때문이었다고 할 수 있다. 부모의 이혼과 결손 가정, 인종 차별, 성적 학대, 어린 나이에 출산까지 감당할 수 없는 모든 고통을 겪었다. 그 모든 것은 윈프리가 살아가는 데 스토리가 되고 콘텐츠가 되어 성공 드라마를 찍는 데 결정적인 역할을 해주었다. 그는 이런 말을 했다.

"여왕처럼 생각하세요. 여왕은 실패를 두려워하지 않는답니다. 실패는 위대함을 향한 또 하나의 디딤돌이니까요.”

사람들은 자신이 태어날 때부터 가진 몇 가지 조건으로 스스로의 값을 매긴다. 가정의 경제력, 외모, 재능 같은 것들로 자신과 남을 저울질한다. 내가 남보다 뒤처진다 싶으면 낙심하거나 남을 부러워하거나 시기하기도 한다.

자신의 가치는 스스로 지켜가는 것이다. 그보다 강력한 것은 없다. 윈프리의 말처럼 자신을 여왕이라고 생각하면 당당해지고 실패쯤이야 두려워할 대상이 아니다. 내가 매긴 가치는 남에 의해서 흔들리지 않는다. 나의 인생은 나이고 누가 대신 살아주는 인생이 아니기 때문이다.

신지애와 오프라 윈프리는 감당하기 힘든 문제 속에서 포기하거나 낙심하지 않았다. 오히려 그 문제를 발판 삼아 절실함으로 앞으로 더 나아갔다.

부는 바람이 뿌리를 튼튼하게 한다. 바람은 세상을 향해, 미래를 향해 마음껏 푸른 열매를 맺게 하는 동력이 된다. 시골 의사 박경철이 “청춘이란 내면의 불길을 가다듬는 인고의 시간이다”라고 말한 것처럼 청춘은 비바람을 가슴으로 맞는 인고의 시간이고 그로 인해 뿌리는 더 단단해진다.

멈추지 않는
시련은 없다

성공이란 열정을 잃지 않은 채 실패에서 또 다른 실패로 나아가는 능력이다.
윈스턴 처칠

멈추지 않는 비는 없다

아이들이 어렸을 때 여름 방학이 되면 울진에 사는 고모 집에 휴가를 갔다. 해변 도로 바로 앞에 집이 있어 마당만 나서면 푸른 바다가 넘실거리는 것을 볼 수 있다. 도로가 S자로 꺾이고 크고 작은 바위로 둘러싸인 곳에 물의 깊이가 알맞은 곳이 있다. 한낮에 아이들과 수영을 즐기고 더위 피하기에 안성맞춤이다.

그해도 우리 가족은 울진에 가려고 집을 나섰다. 전날 동해 쪽에 태풍이 온다는 뉴스가 있었지만, 아이들 성화에 가

만히 집에 있을 수 없었다.

오락가락하던 비는 밤이 되자 억수같이 퍼부었다. 바닷물이 방파제를 넘어올까 불안하여 잠을 이루지 못할 정도였다. 이튿날도 그 이튿날도 비는 그치지 않았다. 답답한 마음도 있었지만, 집이 날아갈 정도로 심한 태풍과 소낙비가 몰아치는 와중에 우리는 파도치는 바다를 구경하고 싶은 마음이 생겼다.

바다가 보이는 곳에 있는 차를 세우고 밖을 내다보았다. 말로만 들었던 집채만 한 파도, 아니 63빌딩만 한 파도가 방파제 쪽으로 끝없이 밀려왔다 부서지며 장관을 이루었다. 한 치 앞도 볼 수 없을 정도로 소낙비는 쏟아지고, 수십만의 성난 군대가 이빨을 하얗게 드러내며 쳐들어오다 밀려나기를 반복했다.

그치지 않을 것 같더니 우리가 그곳을 떠나는 날 비가 그쳤다. 언제 그랬냐는 듯이 하늘이 파랗게 얼굴을 드러냈다.

우리 인생도 마찬가지이다. 아무리 커다란 시련과 문제가 오더라도 영원히 계속되지 않는다. 건국대학교 오성삼 교수의 《그치지 않는 비는 없다》라는 자전적 에세이가 있다.

오성삼은 보릿고개가 있던 시절 가난 속에서 공부했고, 겨우 들어간 대학에서는 잘 곳이 없어 잠자리를 찾아 대학 건물을 헤매고 다녔다. ROTC 임관을 앞두고 가난 때문에 얻은 병마로 장교 임관에 탈락해 훗날 3년 가까이 사병으로 복무했다.

군에서 제대하던 날, 군 제대비 오천 원을 몽땅 털어 대학원 입학원서를 사 겨우 들어갈 수 있었다. 그는 대학 교문 앞에서 전년 출제된 입학시험 문제지를 등사기로 밀어 장사를 하면서 수위에게 받은 설움은 '대학교수가 되고야 말겠다'는 씨앗이 됐다.

홀트아동복지회를 통해 입양하는 아동들을 에스코트하는 대가로 비행기 표 한 장을 얻어 떠난 미국 유학길에 올랐다. 도저히 이룰 수 없을 것만 같던 '대학교수의 꿈'을 위해 그는 수많은 시련을 견뎌야 했다.

너나 할 것 없이 가난한 시절, 지금처럼 자기계발서도 흔하지 않은 그때 오성삼 교수는 어떻게 미국에 유학하려는 마음이 있었을까? 지금에야 인터넷이나 유학 전문 여행사가 있어서 경제력만 있으면 누구나 갈 수 있는 시기지만 말이다.

철강 왕 카네기가 "가난이란 이름의 엄격하고 효율적인 학교에 다녔기에 오늘의 내가 존재한다"고 했듯, 역경을 이긴 오성삼의 성공 스토리는 환경만을 탓하던 나의 청춘을 부끄럽게 하기에 충분했다.

꿈은 이루어지는 것이 아니고 태어나는 것

인생의 길을 가다 보면 시련이라는 벽에 부딪히기 마련이다. 그러나 그 시련을 통과하면 뜻하지 않은 기회를 맞이하게 된다. '위기가 곧 기회다'란 말이 있다. 성공은 시련의 뒤뜰에 묻혀 있다. 멈추지 말고 도전하면 반드시 기회가 오기 마련이다.

"내일은 또 내일의 태양이 떠오른다"라는 명대사를 낳은 마가렛 미첼은 《바람과 함께 사라지다》로 유명한 미국의 작가이다.

1936년에 출판된 이 장편소설은 베스트셀러이면서 이듬해 풀리처상 수상의 영예를 안았다. 3년 뒤 비비안 리가 주연한 영화로 우리나라에서 절찬리에 상영되었다. 이 영화의 주인공으로 등장했던 스칼렛과 버틀러는 단연 20세기 최고의 연인으로 전 세계 수많은 사람의 가슴을 설레게 했다. 그러나 이 작품보다 더 큰 감동은 준 것은 마가렛 미첼 자신의 삶이다.

그는 애틀랜타 저널지의 촉망받는 기자였다. 그러나 기자 생활을 하는 중 다리를 다친 것이 관절염으로 악화하였고, 집 안에서 지내던 그는 펜을 들었다. 기자 생활을 하면서 수집한 많은 기록과 닥치는 대로 읽은 방대한 독서량을 토대로 글을 쓰기 시작했다.

그리고 10년 만에 그녀의 이름을 담은 소설을 완성했다. 그 소설이 바로 《바람과 함께 사라지다》이다. 1936년 출간된 이 소설은 6개월 만에 100만 부 이상이 팔렸다. 나는 문득 그가 10년에 걸쳐 소설을 쓸 수 있는 집념은 어디에서 나오는 건지 궁금해졌다.

"무엇이 최선인가를 알고 있는 사람은 자신뿐이고, 그것을 손에 넣기 위해 의지할 수 있는 것 또한 자신뿐이다"라고 말한 미첼의 고백은 그가 얼마나 의지의 사람인 것을 알 수 있는 대목이다.

취재가 생명인 기자에게 다리를 다친다는 것은 어쩌면 생명을 잃은 일과 같다. 하지만 미첼은 자신에게 닥친 위기에 무릎 꿇지 않고 일어서는 법을 알았다. 꿈은 이루어지는 것이 아니고 태어나는 것이라고 했던가? 그는 자신을 막은 그 벽 앞에서 '작가'라는 꿈을 탄생시킨 것이다.

마가렛 미첼은 최선을 다했고, 위기를 기회로 만들었다. 만약 위기를 극복할 힘이 없다면 위기는 위기일 뿐이다. 하지만 고통을 극복할 집념이 있다면 미첼처럼 위대한 삶을 이끌어낼 수 있다.

꿈이 나를 이끈다

언젠가 큰딸이 나에게 물은 적이 있다.

"엄마는 왜 그렇게 힘들게 살아?"

"응? 엄마가 힘들어 보여?"

학교에 출근하랴, 주일에는 온종일 교회에서 살고 그것도 모자라 시간만 나면 책을 읽고 글을 쓰는 모습을 두고 하는 말이다.

“엄마는 어제처럼 오늘도 똑같은 모습으로 살기 싫거든.”

그때 이렇게 대답했지만 그 대답은 오늘도 변함없다. 안정적이고 성공이 보장된 아나운서직을 버리고 작가의 길을 선택한 ‘파리지앵’ 손미나처럼. 비록 그녀와 내가 꿈 나이는 다를지언정 드림워커라는 것은 부인할 수 없는 사실이다.

미국의 재즈 가수 마일즈 데이비스는 “안전한 길만 택하는 사람에게는 결코 발전이란 없다”라고 말했다. 그럼에도 사람들은 익숙하고 편안한 것을 버리기는 생각보다 어려운 모양이다. 더구나 세상 살면서 감당하기 어려운 시련의 파도가 덮쳤을 때, 잠시 착각하기도 한다. 모든 것이 끝나리라는 착각 말이다.

그치지 않는 비가 없듯이 멈추지 않는 시련은 없는 법이다. 중요한 것은 어떤 순간에도 놓치지 않을 꿈이 있느냐이다. 집어삼킬 듯 나를 덮친 파도와의 사투 속에서 여전히 그대 가슴에 강력한 꿈이 남아 있다면 그 꿈은 그대 인생의 주인공이 될 것이다.

항해하라!
실패를 무릅써라

당신도 운이 좋은 사람이 되고 싶은가? 행운이 언제나 당신 인생에 함께 하기를 원하는가? 그렇다면 반복하라. 또 하고 또 하라. 성공은 연습벌레를 당해낼 재간이 없다. **하우석 《내 인생 5년 후》**

진정 찾아야 할 꿈은 어딘가에 있다

태어나서 처음 사업이라는 것을 해 본 적이 있다. 거창하게 사업이라고 할 것은 없지만 조그마한 교육 사업이었다. 학교를 그만둔 후 가끔 기간제 교사로 나가기도 했지만 '내 일'을 하고 싶었던 모양이다. '자기주도적 학습관'을 운영하려고 했을 때 가족은 물론 친구들도 탐탁지 않게 여겼다.

 여러 번 서울을 오가며 학습관 운영에 따른 소소한 것을 배우는 동안 순간순간 학습관이 엄청나게 커지는 상상을 하며 흐뭇해했다.

‘아이들이 많아지면 교사를 두고 여유 시간도 가질 수 있을 거야.’

그러나 학습관은 일 년 만에 문을 닫았다. 학원법이 개정되면서 학원으로 신고를 해야 되는데 그 요건을 충족시키지 못했기 때문이었다. 아니 어쩌면 그것은 진정한 나의 꿈이 아니었을지도 모른다.

마크 트웨인이 "20년 후 당신은 했던 일보다 하지 않았던 일로 인해 더 실망할 것이다"라고 했듯이 내가 저질렀던 이 일은 실망보다 배움을 주었다. 학습관을 운영하면서 많은 것을 경험했다. 꿈이 아닌 욕망이 개입된 것은 언젠가는 무너질 수밖에 없다는 진리 말이다.

‘내가 진정 찾아야 할 꿈은 무엇일까?’

이 일로 황금 같은 시간과 약간의 돈을 잃었다. 곡선을 돌아왔지만 그것이 실패라고 생각하지는 않았다. 아니 실패라고 해도 괜찮았다. 내 안에는 언젠가 나를 이끌 꿈이 여전히 자라고 있다고 믿었기에. 가장 나답고 나를 성장시킬 수 있는 꿈이 아직 꿈틀거린다고 믿었기에.

우리는 보통 사람들의 최고의 순간을 기억하고 박수를 보낸다. 김연아 선수가 멋진 트리플 점프를 성공시킬 때, 안정환 선수가 결정적인 골을 넣고 반지 세레모니를 펼칠 때, 신지애 선수가 혼신을 다해 벙커샷을 날릴 때 말이다.

스티브 잡스가 아이폰을 들고 나왔을 때, 한경희가 스팀다리미를 발명했을 때 얼마나 탄성을 질렀는가? 그러나 우리는 최고가 된 순간을 기억하지만, 그 한순간을 위해 얼마나 많은 실패를 했는가는 생각하지 않는다. 더구나 몸에 테크닉을 익히는 것이 아닌 인간관계, 즉 세일즈 분야에서 살아남는 과정에서 얼마나 많은 실패와 좌절을 겪을지는 염두에 두지 않는다.

2002년 〈도어 투 도어〉라는 영화로 만들어진 전설적인 영업왕 빌 포터는 결점투성이였다. 육체적 능력은 물론 정신적 능력까지 또래보다 현저하게 떨어졌다. 말을 더듬거리는 버릇 때문에 다른 사람과 의사소통도 힘들었다. 그러나 그는 24년을 세일즈에 전념한 끝에 왓킨스사의 최고 판매왕이 되었고, 지금까지 그의 기록은 깨지지 않았다고 한다.

오른손을 제대로 펴지도 못하고, 굽은 등은 늘 아팠으며, 말도 제대로 할 수 없었지만 그는 매일 8시간 동안 15킬로미터를 걸으며 100여 곳의 집에 문을 두드렸다. 냉대와 멸시를 받으면서도 하루도 빠짐없이 자신이 맡은 구역의 문을 두드렸다. 빌의 정성과 성실함은 감동적이다. 그가 그렇게 할 수 있었던 이유는 간단하다.

"전 늘 긍정적으로 생각했어요. 이 긍정적인 생각이 습관이 되어버렸지요. 가령 일기예보에 다음 날 30도가 넘을 거라고 나오면 '그 정도면 선선하지' 라고 생각했습니다. 눈이 많이 내려 길바닥이 빙판길이 되면 신이 났습니다. 날씨가 안 좋은 날이야말로 사람들이 집에 있기 때문이죠."

그는 남보다 좋지 않은 신체 조건과 어눌한 말투를 부끄럽게 생각하지 않았다. 자신이 좋아하고 잘할 수 있는 길을 그저 한 걸음씩 가다 보니 어느 덧 판매왕의 자리에 올랐다. 사람들의 거절과 멸시는 그의 앞길을 막지 못했다. 그는 남을 부러워하거나 그들을 따라가려고 안달하지 않고 자신에게 맞는 페이스대로 살아왔다.

이처럼 꿈은 실적으로 채웠다가 마음에 들지 않으면 쓰레기통에 버려지는 것이 아니다. 내 몸에 꼭 맞고 나를 한 단계 업그레이드 할 수 있는 꿈은 크게 위대하지 않아도 된다. 나의 세포 DNA 하나하나가 내가 바라던 꿈의 염색체로 온통 채워지면 그 꿈은 더 이상 꿈이 아니다. 나를 이끄는 행복 덩어리가 된다.

꿈을 이루려면 실패를 무릅써라

'959전 960기 신화'를 쓴 차사순 할머니 이야기가 신문과 방송에 오르내린 적이 있다. 70세의 나이로 운전면허를 따기까지 무려 959번이나 실패한 그의 이야기는 뉴욕 타임스에 '의지의 한국인'으로 소개되었다. 할머니에게는 소박한 한 가지 꿈이 있었다.

'직접 운전해서 손자들을 데리고 동물원에 가고 싶다.'

나는 운전면허를 세 번 만에 땄다. 두 번째 떨어졌을 때 아쉽고 마음이 조급해졌다. 실기 시험도 만만치 않게 어려웠는데 합격했을 때의 기쁨 또한 컸다. 나는 단지 학교에 늦지 않고 출근하고 싶어 운전을 배웠다.

차사순 할머니의 꿈은 959번의 실패를 견디기에 충분했다는 사실 자체만으로 대단한 것 같다. 다른 사람에게는 일상일 수 있지만 할머니에게는 어쩜 세상에서 가장 행복하고 가슴 뛰는 꿈이었다. 더구나 자동차 선물까지 받고 광고까지 찍었으니 소박한 꿈치고 대박을 터뜨린 셈이다.

자신만의 꿈의 크기와 색깔이 흔들리면 그때부터 불행해지기 시작한다. 남이 가진 떡이 더 커 보이고 남이 가진 꿈이 더 그럴듯하게 보이면 갑자기 나의 꿈이 초라해 보인다. 자신의 꿈을 남과 비교하고 재면 조급증이 생기기 마련이다.

니체는 《자라투스트라는 이렇게 말했다》에서 "인간은 동물과 초인 사이에 놓인 밧줄, 끝없는 심연에 걸쳐져 있는 밧줄이다"라고 했다. 어느 인문학에서는 인간은 마음대로 바꿀 수 있는 밧줄처럼 무엇이든 될 가능성을 시사한다고 했다. 그렇다면 꿈도 마찬가지이다. 내가 꾸는 꿈은 나 스스로 꼬아서 만들어 가는 것이다. 내 가슴 속에서 시키는 꿈을 멋진 밧줄이 될 때까지 엮어 가는 것이다.

처음부터 완벽한 밧줄을 만들겠다는 욕심은 버려야 한다. 엮다 보면 꼬일 수도 있고, 원하는 디자인이 아니라서 내던

질 수도 있다. 그러다 보면 정말 내 마음에 꼭 맞는 밧줄을 찾아내기까지 시간이 걸릴 수도 있다.

나는 요즘 글을 쓰면서 글쓰기야말로 '내 마음에 꼭 맞는 밧줄'이라는 생각을 한다. 반 고흐 그림의 강렬한 노란색처럼 나를 사로잡는 마술에 걸린 것 같다. 그동안 내가 교사로, 잠시 동안 교육 사업으로 걸어온 길이 여행이라면 나는 이제야 꿈에 그리던 고향에 온 것처럼 가슴이 설렌다. 가장 나답고 나를 성장시킬 수 있는 그런 꿈을 만난 것이다.

자신의 적성, 자신이 좋아하는 것을 아는 것은 생각보다 어렵다. 어쩔 수 없이 평생 좋아하지 않는 일을 계속하는 사람도 있다. 일생에 단 한 번이라도 온몸을 바칠 수 있는 꿈이 있다면 지난날의 수많은 실패가 더욱 값질 것이다.

항구에 정박한 배는 안전할 수 있지만, 언제나 그 자리이다. 태평양을 향해 돛을 올리는 배는 위험하지만, 가슴 뛰는 꿈이 있기에 감히 도전하고 끝없이 앞으로 항해한다. 《성경》에서 말한 '남은 날을 계수하는 지혜'가 꼭 노인에게만 주어진 말일까? 젊은 청춘에게 필요한 말이 아닐까? 가슴 뛰는 젊은 날에 남보다 먼저 실패 카드를 쓰기 바란다.

세상이 변하기 원한다면 너 자신이 먼저 변하라

최고의 인생을 살고 싶다면 열정과 소망을 버리지 마라. 어떤 상황에서도 기쁨과 행복을 빼앗기지 마라. **조엘 오스틴 《긍정의 힘》**

변화에 대하여

웨스트민스터 대성당 지하 묘지에 묻힌 어느 성공회 주교의 무덤 앞에 '변화' 라는 글이 적혀 있다고 한다.

내가 젊고 자유로워서 상상력의 한계가 없을 때

나는 세상을 변화시키겠다는 꿈을 가졌었다

그러나 좀 더 나이가 들고 지혜를 얻었을 때

나는 세상이 변하지 않으리라는 것을 알았다

그래서 나는 시야를 약간 좁혀 내가 사는 나라를 변화시

키겠다고 결심했다

그러나 그것 역시 불가능한 일이라는 것을 알았다

나는 마지막 시도로 나와 가장 가까운

내 가족을 변화시키겠다고 마음먹었다

그러나 아아, 아무것도 달라지지 않았다

이제 죽음을 맞기 위해 자리에 누워 나는 문득 깨닫는다

만약 내가 나를 먼저 변화시켰더라면

그것을 보고 가족이 변화되었을걸…

또한 그것에 용기를 내어

내 나라를 더 좋은 곳으로 바꿀 수도 있었을걸…

그리고 누가 아는가,

세상까지도 변화되었을지…

사람들은 조금씩 변화를 두려워하지만, 자신의 시각을 바꾸려는 노력이 수반되지 않으면 영원히 평행선을 달리게 된다. 변화를 통해 우리는 꿈을 꾸고 성장할 수 있다.

그리스 철학자 헤라클레이토스는 "같은 강물에 두 번 들어갈 수 없다"고 했다. 세상은 멈추지 않고 끊임없이 변하

고 있다. 만약 사람이 죽을 때까지 변하지 않고 열정이 식은 채 편협한 사고로 살아간다면 그보다 끔찍한 것은 없다.

《궁하면 변하고 변하면 통한다》의 저자 김중근은 "탄생과 죽음 사이에 존재하는 것이 변화"이며, "변화는 습관을 깨는 것이고, 의자를 박차고 일어나는 것"이라고 말한다.

탄생과 죽음 사이에 존재하는 것이 변화라고 한다면 우리 삶 자체가 변화로 설명될 수 있다. 변화와 성장이 없다면 모든 생명체는 이미 수명을 다한 것이나 다름없고 다른 말로 하면 희망이 사라졌음을 뜻한다.

변화를 통해 아픔과 성장을 경험한다

우리는 과거의 익숙하고 오래된 나와 결별하고 새롭게 변화해야 한다. 얼음장처럼 단단한 고정관념을 깨고 의식을 확장하는 노력이 필요하다. 세상이 아무리 초스피드로 달라진다 해도 내가 바뀌지 않으면 세상이 정지된 것처럼 느껴지거나 우물 안 개구리처럼 변화의 속도를 알지 못한다.

그동안 나는 남을 변화시키는 데 많은 시간을 쏟았다. 지축처럼 기울어진 시각으로 세상의 모든 것을 삐뚤게 보니 마음에 흡족하지 않은 적이 많았다. 그럴수록 세상과 나의 시각차는 더욱 벌어졌고 물과 기름처럼 섞이지 못하고 분리되었다. 때론 '세상은 모두 내 마음 같지 않다'고 절망했고, 낯선 장소나 낯선 상황과 낯선 사람을 두려워했다.

가장 처음 낯선 곳에서 두려운 마음으로 변화를 바라본 건 고등학교에 들어가기 위해 시골에서 도시로 유학을 갔을 때이다. 부모와 떨어져서 오는 불편함과 외로움은 물론 15년 간 살았던 고향을 떠나 낯선 환경에서의 스트레스도 컸다. 변화에 대한 준비가 없기에 더 많이 흔들렸다.

'줄탁동시'라는 사자성어가 있다. 닭이 알을 깔 때 알 속의 병아리가 껍질을 깨뜨리고 나오기 위해 껍질 안에서 쪼는 것을 줄이라 하고, 어미 닭이 밖에서 쪼아 깨뜨리는 것을 탁이라 한다. 이 두 가지가 동시에 행해지는 것을 '줄탁동시'라고 하는데 그때 답답한 알 속에 혼자 갇혔던 병아리는 어미 닭의 도움으로 세상 밖으로 나와 걷기 시작한다.

변화는 아픔과 노력을 수반한다. 변화를 통해 성장하지만 동시에 그에 따른 혼란과 고통 속에서 성장통을 경험한다.

비 온 뒤의 자전거의 궤적은 직선 행로를 그리지 않는다.

관성에 몸을 맡기면서도 조금씩 핸들을 틀어주어야 넘어지지 않고 마음먹은 곳을 향해 나아갈 수 있다. 핸들을 힘주어 꽉 잡고 있으면 자전거는 반드시 넘어진다. 변화는 우리에게 결국 쓰러짐 없는 안정과 질서를 가져다주는 것이다.

변화하는 사람이 새로운 기회를 붙잡는다

구본형은 《익숙한 것에서의 결별》에서 우리가 변화를 통해 성장할 수 있는 것은 바로 변화를 이해하고 일상의 원리로 받아들임으로써 가능하다고 했다. 살아가는 한 언제든 변화할 수 있음을 감지하지 못하는 청춘은 그만큼 흔들림의 각도가 크다. 그래서 중심을 잡기 더욱 힘들다.

세상이 하루가 다르게 변하지만 내가 그 변화를 감지하지 않을 때는 세상이 정지된 것처럼 보인다. 지구가 무서운 속도로 자전과 공전을 하지만, 그 속도가 너무 커서 지구가 움직이지 않는다고 생각하는 것과 같다. 말하자면 변화하는 세상을 느끼기 위해서는 자신이 먼저 변화해야 한다.

인간관계에서도 마찬가지이다. 연인이 결별을 선언했을 때 받아들이지 못하고 집착하는 이유가 무엇인가? 그것은 관계의 문제이다. 관계 자체가 변화했지만, 그것을 인정하지 못하는 데서 건강하지 못한 집착이 생겨나는 것이다.

인간관계뿐 아니라 모든 면에도 적용된다. 이전에는 모두 사람이 직접 해야 했던 일들이 이제는 자동화되었다. 이러한 변화를 받아들이지 못한 사람들은 직장을 잃기도 한다.

변화의 시기에 현실에 안주하고 있다면 새로운 기회가 열려도 붙잡을 수 없다. 우리는 어떤 삶을 선택할 것인지 깊이 생각해 볼 필요가 있다. 변화를 원하면서 자신도 변하기 원하는 삶인가, 아니면 변화를 원하지 않고 습관처럼 이전의 삶을 고집할 것인가.

변화를 방해하는 마음속 두려움의 한계를 넘으면 비로소 단단한 껍질 밖의 세상이 보이고, 그 너머 꿈이 보인다. "변화를 원한다면, 너 스스로 먼저 그 변화가 되어라"는 간디의 말처럼 우리가 진정 변화를 원한다면 내가 먼저 변해야 한다. 내가 변하지 않고 세상이 변하기 원한다면 한낱 구호에 그칠 확률이 높다.

PART THREE

그리워하는 것이 사랑이 아니라
성공이라면

내일의 성공은 오늘 결정된다

오늘 이 순간은 리허설 없는 생방송 상태이다. 이미 지나간 것은 되돌릴 수 없지만 오늘을 바탕으로 내일을 철저히 준비할 수 있다.
임원화 《하루 10분, 독서의 힘》

오늘이라는 마시멜로

호아킴 데 포사다의 《마시멜로 이야기》에 이런 이야기가 있다.

아프리카에서는 매일 아침 가젤 영양이 잠에서 깬다. 가젤 영양은 가장 빠른 사자보다 더 빨리 뛰지 않으면 잡아먹힌다는 것을 안다. 아프리카에서는 매일 아침 사자가 잠에서 깬다. 사자는 가장 느린 가젤 영양보다 더 빨리 뛰지 않으면 굶어 죽으리란 것을 안다. 사자냐 영양이냐는 중요하지 않다. 태양이 떠오르면 뛰어야 한다.

나는 지방에서 살기 때문에 일이 있으면 가끔 서울에 간다. 밤 10시 이후 기차역 대합실이나 지하철역 계단에는 허름한 옷차림을 한 노숙자가 많다. 그들은 잠자리를 찾기 위해 손에 박스를 들고 여기저기 기웃거리며 거처를 잡으려는 노력이 한창이다. 험한 얼굴로 욕설을 하기도 한다. 육신 하나 누일 곳 없는 그들을 보면 안타까운 마음에 가슴이 저리다.

'세상이 태어나서 살며 사랑하며 내일이라는 시점에 도달했을 때, 나는 어떻게 남고 싶은가?'

문득 이런 말이 기억이 났다. 《마시멜로 이야기》에 "눈앞의 마시멜로를 먹어치우지 마라. 더 많은 마시멜로를 먹을 수 있을 때까지 기다려라. 적당한 시기가 반드시 온다"는 교훈이 뇌리에 스친다.

수십 년 동안 눈앞의 마시멜로를 다 먹어치우고, 남은 것이라곤 육신뿐이라면 그들은 결코 성공했다고 할 수 없다. 미안하게도 나는 그 현장에서 인생을 배우고 오늘이라는 마시멜로를 헛되이 보내지 않겠다고 다짐하곤 한다.

사자와 영양이 아침이 되면 뛰어야 하듯 우리도 인생을 사는 동안 뛰는 자만이 더욱 안전하고 넓은 세상에 안착하는 특권을 얻게 된다.

시간의 가치를 알면 헛되이 보내지 않는다

독일 시인 괴테는 "오, 찰나여! 멈추어다오, 너는 그토록 아름다우나니"라고 절규했다. '찰나刹那'는 산스크리트어로 '크샤나'를 음역한 아주 짧은 시간이란 뜻에서 나온 말이다. 불교 경전 〈대비대사론〉에 찰나에 대한 글이 있다.

어느 날, 가는 명주 한 올을 젊은 사람 둘이서 양쪽 끝을 당기고 칼로 명주실을 끊었더니 명주실이 끊어지는 시간이 64찰나였다' 는 것이다.

우리가 어떤 일이 일어났을 때 그것을 느낄 수 있는 시간은 적어도 120찰나라고 한다. 1찰나는 0.013초이고, 손가락 한 번 튀기는 순간에 65찰나가 지난다고 한다.

인생은 아름답고 찰나같이 짧은 시간이다. 하지만 아무리 짧은 시간인들 그것이 허무하다고 생각하지 않는다. 짧기에 더 귀하고 소중하다. 시간을 소중히 여기지 않으면 내 옆에서 새나가도 모르지만, 시간의 가치를 아는 사람은 한순간도 소홀히 여기지 않는다.

우리는 '시간이 흐른다'는 표현을 사용한다. 쉬지 않고 흐르는 강물처럼 시간은 흐르고 있다. 하루 24시간 단위가 모여 '오늘'이라는 시간이 흐른다.

톨스토이의 작품 중에 〈세 가지 질문〉이라는 단편소설에 나오는 이야기다.

왕에게는 인생에서 풀지 못하는 세 가지 질문이 있었다.

"첫째, 그대에게 가장 소중한 때는 언제일까?"

"둘째, 그대에게 가장 소중한 사람은 누구일까?"

"셋째, 그대에게 가장 소중한 일은 무엇일까?"

왕은 답을 가르쳐 주는 사람에게 후한 상을 내리겠노라고 선포했다. 지혜롭다는 수많은 현자가 왕을 찾아왔지만, 만족할 만한 답을 내지 못했다.

왕은 성인으로 알려진 산골의 은자를 찾아가 세 가지 질문을 들려주었지만 은자는 아무 대답 없이 밭을 갈 뿐이었다.

그때 갑자기 피투성이인 청년이 달려나왔다. 왕은 자신의 옷을 찢어서 청년의 상처를 정성껏 싸매 주었다. 알고 보니 그 청년은 임금에게 원한을 품고 있던 신하였는데 이 일로 그는 원한을 풀고 임금에게 충성을 맹세했다.

왕이 은자에게 다시 세 가지 질문을 던지자 은자가 답했다.

"첫째, 가장 소중한 때는 지금입니다. 사람이 지배하고 사용할 수 있는 시간은 바로 지금뿐이기 때문입니다. 둘째, 가장 소중한 존재는 자신이 지금 대하고 있는 바로 그 사람입니다. 셋째, 가장 소중한 일은 지금 대하고 있는 바로 그 사람에게 정성을 다해 사랑을 베푸는 일입니다."

인생에서 가장 중요한 시간인 오늘을 헛되이 보낸다면 결코 내일의 성공을 기대할 수 없다. 아무리 어려운 순간이라도 내가 맞이할 눈부신 내일이 보장되어 있다면 이겨낼 수 있다.

삶의 의미를 찾아서

신경정신과 의사 빅터 프랭클은 감당하기 어려운 고통을 이겨내고 가슴 벅찬 미래를 그렸다. 그는 나치 치하에 유대인이라는 이유로 젊은 나이에 아우슈비츠 수용소에 수감되어 그곳에서 수많은 사람이 온갖 고초를 당하고 학살을 당하는 모습을 목격했다. 그의 부모와 형제, 부인도 그곳에서 목숨을 잃었다. 그럼에도 그는 노래를 부르거나 시를 암송하면서 인간의 존엄성을 잃지 않으려고 노력했다.

"불쌍한 놈들, 마음대로 해 보라지. 아무리 내게 몹쓸 짓을 해도 이 순간 한 송이 꽃과 푸른 하늘을 생각하는 나를 막지는 못해."

살아 있는 순간순간 삶의 의미를 찾았던 프랭클. 그것이 그가 할 수 있는 최선의 방법이었다.

이때의 경험을 그는 《죽음의 수용소에서》라는 책으로 엮고, 의미를 강조하는 로고테라피 심리요법을 발전시켰다. 그는 하버드와 스탠퍼드 대학교에서 교수를 역임했으며, 전 세계 29개 대학에서 명예박사 학위를 받았고, 서른 권이 넘는 책을 썼다. 또 67세에 조종사 자격증을 땄으며 열정적인 산악인이었다. 죽음의 공포에서 순간순간 삶의 의미를 찾아 낸 그는 값진 승리를 얻을 수 있었다.

그는 '지금 이 순간이 세상에서 가장 중요한 시간'이라는 사실을 삶으로 보여 주었다. 의미 있게 보낸 하루하루가 그에게 찬란한 미래를 가져다주었다. 오늘이라는 고통스러운 날에 그라고 흔들리는 시간이 왜 없었으랴.

중요한 것은 지금 이 순간은 지나면 다시 오지 않는다는 사실이다. 그것을 기억한다면 오늘 흔들릴지라도 자신의 꿈을 찾아가는 노력을 계속하리라.

그대가 그리워하는 것이 사랑이 아니라 성공이라면 말이다.

청춘,
꿈을 충전하라

인생은 단 한 번뿐이다. 한 번뿐인 인생, 후회 없도록 내가 가진 모든 것을 산화할 수 있는 꿈을 찾아야 한다. **김태광 《천재작가 김태광》**

꿈의 크기에 따라 성공의 크기가 결정된다

'연극에는 리허설이 있지만 인생에는 리허설이 없다'는 말이 있다. 오늘 내가 하는 모든 것이 나의 인생이라는 필름에 저장이 된다. 그 필름은 그대로 출력이 된다.

꿈의 크기에 따라 성공의 크기가 결정된다. 꿈이 작으면 그것의 성과물인 성공도 작을 수밖에 없다. 반대로 꿈이 원대하다면 성공도 원대하다. 리허설이 없는 인생이기에 자신의 모든 것을 걸고 최선을 다해야 한다.

성공을 대수롭지 않게 여기고 밥만 안 굶고 살면 된다고 생각한다면 그는 그 꿈대로 딱 밥만 먹고 살아갈 정도가 될 것이다. 반면 최고가 되려는 꿈을 꾼다면 정말 최고가 될 것이다. 최고가 되려는 이상을 가지고 그 꿈을 향해 매진하면 언젠가는 목표에 다다를 것이기 때문이다.

《꿈을 실현하는 사람들의 15가지 성공 비결》의 저자 스티븐 스콧은 젊은 시절에는 당시 미국 직장인 평균 임금의 절반만 받고 일하면서도 6년 동안 아홉 군데의 직장에서 실직과 해고를 거듭했다.

그는 자신의 상사로부터 도저히 성공할 수 없는 실패자라는 평가를 받았지만, 동료들과 함께 5,000달러의 자본금으로 아메리칸 텔레캐스트를 창업해 그 회사를 미국의 대표 마케팅 그룹으로 이끌면서 자신 또한 억만장자가 되었다.

실패를 딛고 성공 신화의 주인공이 된 스티븐 스콧은 자신의 경험을 바탕으로 꿈을 실현해주는 프로그램을 만들었다. 이를 주제로 〈포춘〉이 선정한 500대 기업을 대상으로 강연을 하여 선풍적인 인기를 끌었다.

꿈은 그저 꿈일 뿐이라고 생각하던 평범한 편의점 점원, 미용사, 피부관리사, 세일즈맨 등 수십 명의 사람들이 스티븐 스콧의 도움을 받아 백만장자의 꿈을 이루었다.

젊은 시절의 그에게는 억만장자 CEO와 밀리언셀러 작가라는 타이틀은 그저 불가능한 꿈일 뿐이었다. 그는 어떻게 아홉 번의 실패를 딛고 불가능한 꿈을 현실로 이루었을까?

스티븐 스콧은 스티븐 스필버그, 토머스 에디슨, 오프라 윈프리, 빌 게이츠, 헨리 포드 등 세계에서 가장 성공한 사람들에게는 공통점이 있다는 것을 발견했다.

"그들은 어릴 때부터 꿈이 있었고 그 꿈을 이루기 위해 최선을 다했다!"

수많은 사람들이 스티븐 스콧의 이야기에 귀를 기울이는 이유는 그가 평범한 사람들에게 "내가 꿈을 이루었다면 당신도 이룰 수 있다"는 희망을 전달하기 때문이다.

딸이 태어났지만 기쁨은 잠시였고 양육비 걱정부터 해야 했던 스티븐 스콧이 좌절을 딛고 성공하기까지의 체험과 비결이 그의 책에 녹아 있다. 그는 책을 통해 꿈이 없이 살아가는 젊은이와 가난과 실패의 늪에서 방황하고 있는 많은 사람에게 희망의 메시지를 전했다.

청춘의 시기에는 더욱 간절히 원하는 꿈을 가져야 한다. '무엇이 되고 싶다', '무엇을 하고 싶다'는 열망을 가슴에 품어야 한다. 열망이 마그마처럼 부글부글 끓어서 꿈의 분화구로 분출되도록 해야 한다. 온 세상을 향해 푸른 하늘을 향해 꿈이 터져나가도록 해야 한다. 불꽃으로 점화된 그대 인생은 얼마 되지 않아 뜨겁게 타오르기 시작할 것이다.

아직 젊은 그대여! 그럭저럭 먹고사는 인생이 전부가 아니다. 그러나 대부분 그럭저럭 먹고살고 있다. 아니, 매일 먹고살 걱정으로 불안한 노후를 사는 사람도 많이 있다는 것을 기억하기 바란다. 성공한 사람이 부럽지 않은가? 부러우면 지는 게 아니라 부럽지 않으면 그게 지는 거다.

'총각네 야채가게'로 잘 알려진 이영석이 《인생에 변명하지 마라》라는 책을 냈다. 그는 쥐뿔도 없이 절박함 하나로 평범한 야채가게를 브랜드화하여 전국에 40여 개의 체인점을 둔 CEO가 되었다. 야채 장사도 전문직이 될 수 있다는 신조로 20년간 하루도 쉬지 않고 일했다.

"언제까지 힘들다고 변명만 하고, 위로만 받을 것인가? 죽자고 하면 반드시 된다."

그는 대학을 졸업한 뒤 이벤트 회사에 취직했으나 능력보다는 편법이 판치는 기업 문화에 좌절하여 직장을 그만두었다. 그 후 무일푼으로 오징어 트럭 행상을 따라다니며 장사를 배웠다. 그는 스승이 오기 두 시간 전에 나와 히터를 켜고 차를 닦아놓고 기다렸다. 그때 이영석은 세 가지 목표를 세웠다고 한다. 첫째는 일을 배우는 것, 둘째는 스승을 부자로 만드는 것, 셋째는 스승이 부자가 되는 것을 보면서 어떻게 부자가 되는가를 터득하는 것이다.

하루 매출 200만 원을 목표로 세우고 장사를 배운 그는 마침내 트럭 행상에서 독립해 18평짜리 야채가게를 차렸고, 대한민국 평당 최고 매출을 올리는 가게로 만들었다.

그는 "일이 즐겁지 않으면 인생이 즐겁지 않다"며 자신이 하는 일에 최선을 다했다. 그의 이야기는 드라마와 뮤지컬로 만들어지기도 했다. 그는 지금도 세계 각국의 신제품 과일에 대해 공부하고, 과일 품종마다 최적의 보관 온도와 가장 맛있게 먹는 법을 끊임없이 연구하고 있다. '총각네 야채가게'가 장수 기업으로 성장할 수 있도록 매일매일 열정적이고 가슴 뛰는 삶을 살아가고 있다.

그의 홈페이지 인사말에 이런 문구가 있다.

지금의 '총각네 야채가게'를 만들어 오면서 저는 많은 시련과 좌절이라는 시행착오를 겪어왔습니다. 그럼에도 제가 지금까지 성공할 수 있었던 것은 바로 꿈이 있었기 때문입니다. 어떤 상황 속에서도 일어날 수 있었던 것은 바로 내 안에 품었던 꿈이었습니다.

일생에 한 번은 자신의 꿈을 뜨겁게 불태워라

영화감독 스티븐 스필버그는 "매일 아침 나는 가슴이 너무나 두근거려서 도저히 식사를 할 수 없을 정도다"라고 했다. 자신의 꿈이 이루어지는 과정 자체가 너무나 신기하고 즐거웠기 때문이다.

이영석도 자기 일을 이벤트로 꾸며서 꿈을 향해 후회 없이 달려갔다. 지금도 수많은 1인 기업을 꿈꾸는 젊은이들에게 성공적인 경영 마인드와 실질적인 성공 스토리를 심어주고 있다.

《가슴 뛰는 삶》의 저자 강헌구 교수는 "펄떡이는 에너지가 없는 비전은 금방 사라져 버리는 공허한 외침일 뿐이고, '반드시 이루고야 말리라!'는 절박한 욕구가 없다면 한낱 공상에 불과하다"고 했다.

실패하지 않았다는 것은 시도하지 않았다는 말이다. 시도하지 않는 사람은 평생 꿈 근처에도 가지 못한다. 다른 사람의 꿈을 구경하고 부러워하다가 인생을 허송세월 보내고 만다.

일생에 한 번쯤은 뜨겁게 자신의 꿈을 불태워 보아도 좋으리라. 글이 되었든 노래가 되었든 장사가 되었든 무엇이든 중요하지 않다. 그것이 무엇이든 가슴속 뜨거움을 쏟아내는 통쾌함을 안겨줄 테니까. 그 통쾌함은 정신적 · 경제적 만족 또한 가져다줄 것이다.

망설일 이유가 없다. 아직 꿈이 완성되지 않았다 하더라도 한번 부딪혀 보라. 실패하면 실패할수록 더 간절해지고, 간절할수록 절박할수록 꿈에 이르는 속력은 탄성이 붙는다. 한번 탄성이 붙으면 힘을 들이지 않아도 꿈이 꿈을 이끌게 된다. 꿈이 방전되지 않도록 매일 그대의 꿈을 충전하라.

나라고
성공하지 말란 법은 없잖아

꿈은 조금은 거창해야 한다. 남들이 꿈이라고 인정해줄 수 있을 만큼은 돼야 한다. 꿈이 하루아침에 이루어질 수 없는 것도 이 때문이다.
김중근 《궁하면 변하고 변하면 통한다》

특별하게 살고 싶다는 열망

성공하는 사람과 실패하는 사람에게는 각각 공통점이 있다. 성공하는 사람은 긍정적인 생각으로 가득 차 있고, '할 수 있다'는 자신감으로 끝없이 도전한다. 실패하는 사람은 부정적인 생각이 넘쳐나고, '할 수 없다'는 의기소침함으로 현실에 안주하려는 경향이 있다.

성공하는 사람은 '어떻게 하면 성공할지' 생각하고, 끝까지 포기하지 않는다. 반면 실패하는 '편하게 사는 방법'을 찾거나 자신이 없거나 시도하지 않고 실패할 거라 여긴다.

내 자신이 불행하다고 여겼던 젊은 날을 돌이켜 보면 실패하는 사람들이 가지는 생각을 많이 했다. 가슴속에 '성공하고 싶은 열망'이 용솟음쳤음에도 이내 다른 한쪽에서 들리는 소리가 열망에 찬물을 끼얹었다.

"너는 할 수 없어. 특별히 잘하는 게 없잖아. 성공은 아무나 하나? 지금 사는 대로 편하게 살아."

특별하게 살고 싶다는 열망은 찬물을 끼얹어도 언뜻언뜻 다시 불꽃처럼 되살아났다. 젊은 시절의 방황이 오히려 절박함을 낳는 기폭제가 되어 철 늦게 꽃이 피는 경우도 있다. 그러니 많이 망설이고 많이 방황하라. 다치바나 다카시는 저서 《청춘 표류》에서 이렇게 말했다.

망설임과 방황은 청춘의 특징이자 특권이다. 그만큼 창피한 기억도 많고 실패도 많다. 부끄러움 없는 청춘, 실패 없는 청춘은 청춘이라 이름할 수 없다.

전진하는 자만이 승리의 깃발을 흔든다

하늘을 푸르게 뒤덮는 녹음처럼 싱싱한 청춘이 언제까지나 계속될 수 없다. 가을이 오면 단풍이 물들고 어느 순간 낙엽이 되어 지상에 하나둘 떨어진다. '개미와 베짱이' 이야기처럼 겨울을 준비하지 않으면 막막하고 불안한 날을 보내야 한다.

청춘의 시기에는 기회와 가능성이 여기저기 곳곳에 깔려 있다. 하지만 아무에게나 기회와 가능성이 주어지는 것은 아니다. 독하게 마음먹고 덤비는 자에게 선물로 주어진다. 어려움이 오더라도 끈기를 가지도 도전할 때 더 나은 미래로 나아갈 수 있다.

천호식품 김영식 회장은 성공한 CEO이지만 불과 10여 년 전만 해도 인생을 포기할 만큼 힘들었다. IMF 시절 문어발식으로 사업을 확장하다 파산했다. 한 끼 밥값이 없어 소주로 허기를 달래기도 했다. 강남역 지하도에서 전단을 돌리는 등 열정과 뚝심으로 재기에 몸부림쳤다. 한때 부산에서 현금 보유 100위권 안에 들었던 그는 순식간에 가장 빚이 많은 사람 100위 안에 들 정도로 참담했다.

그러나 그는 '오뚝이처럼 일어서겠다'는 뚝심으로 다시 시작했다. 당시 그의 머릿속에 떠오른 것은 건강식품이었다. 아내가 선물한 반지를 눈물 머금고 전당포에 맡기고 130만 원의 운영자금을 마련하여 '쑥' 사업에 집중했다. 수첩, 명함, 휴대전화 배경화면에 '쑥을 팔자!'라는 구호로 도배하고 온종일 전단을 돌렸다. 눈에 띄는 컴퓨터만 있으면 첫 화면을 자신의 홈페이지로 설정해 놓았다. 심지어 비행기 안에서도 전단을 돌렸는데, 승무원들이 막아섰다.

"전단 안 뿌리면 난 죽는다."

그는 기죽지 않고 막무가내로 밀고 나갔다. 한마디로 '죽기 아니면 살기'였다. '쑥, 쑥, 쑥 자로 끝나는 말은 이쑥저쑥 들쑥날쑥'이라는 '쑥 주제가'도 만들어 사람이 모이는 곳이면 어디서든지 노래를 불렀다. 사람들이 '미쳤다'고 할 정도로 쑥에 집중했다.

죽을힘을 다해 노력한 끝에 1년 만에 월 매출이 50배가 늘었다. 이후 신상품을 출시하면서 2004년에는 연 매출이 100억 원으로 뛰었고, 현재는 한 해에 1,500억 원의 매출을 올리고 있다. 그의 책《10m만 더 뛰어봐!》에서 쓴 그의 말을 들어보자.

100m 뛴 사람이 100m 다시 뛸 생각하면 쉽게 무너진다. 쉽게 포기하고 만다. 하지만 10m만 더 뛰라고 하면 누구나 도전한다. 오늘부터 10m만 더 노력해 보아라. 오늘 100m 뛰었다면 내일은 110m 뛰어보아라. 모레는 120m 뛰어보아라.

열정을 가져라. 열정이 있으면 위기를 극복할 힘이 생기고 기회가 생긴다. 우리 몸에서 유일하게 암이 발생하지 않는 기관 중 하나가 심장이다. 심장에 암이 생기지 않는 이유는 태어나서 죽을 때까지 잠시도 쉬지 않기 때문이다. 또한, 심장은 뜨겁다. 결국, 심장은 끊임없이 늘 뛰고 많은 열을 내기 때문에 그 아무리 강한 암세포도 자리를 잡을 수 없다는 것이다. 여러분도 심장처럼 살아라. 조금 힘들어도 포기하면 안 된다. 포기하는 습관이 들면 모든 것을 포기하게 된다. 태양은 반드시 다시 뜬다. 누굴 위해? 내일 아침에 여러분을 위해 태양은 다시 뜬다.

성공을 향해 죽을힘을 다해 뛰었던 김영식은 결코 좌절에 무릎 꿇지 않았다. 하루 10미터만 더 뛰면서 재기에 성공하여 엄청난 빚을 다 갚고 다자녀 가정에 격려금을 주는 등 사회에 공헌하고 있다.

힘이 부치더라도 꿈을 향해 조금씩 앞으로 나아가면 목적지에 다다를 수 있다. 매일 전진하는 자만이 끝내 승리의 깃발을 흔들 수 있다.

나라고 성공하진 말란 법은 없잖아

스타벅스 회장 하워드 슐츠는 남들이 가지 않은 길에 과감하게 도전하여 성공을 거머쥐었다. 그가 스타벅스를 인수한 지 1년쯤 되었을 때 이탈리아에 갈 일이 있었다. 그는 패션의 도시 밀라노에서 작고 아담한 에스프레소 바에 들어갔다.

"앞으로 스타벅스가 성장하려면 지금처럼 하면 안 돼. 이탈리아를 비롯해 유럽식 커피숍을 모델로 해야 해."

미국으로 돌아온 하워드 슐츠는 이탈리아에서 얻은 사업 영감을 시애틀의 한 매장에 적용하고 직접 가게를 운영했다. 좋은 향과 맛을 지닌 커피, 커피에 대한 지식이 풍부하고 친절한 바리스타, 기분 좋은 음악이 조화를 이룬 스타벅스는 눈부신 성장을 하였다. 그는 커피숍을 단순히 음료를 마시는 곳이 아닌 사람과 사회가 만나는 곳으로 인식하고 스타벅스를 복잡한 도시의 오아시스로 탈바꿈시켰다.

하워드 슐츠는 뉴욕 빈민가에서 가난하고 불우한 어린 시절을 보냈다. 많은 사람들이 자신의 환경을 탓하며 요행을 바라다가 세월을 보내는데 그런 사람이 성공을 이룬 것을 본 적이 없다. 아무리 어려워도 꿈을 갖고 노력하는 사람이 성공을 거머쥐는 게 당연한 공식이다. 자신의 분야에서 성공을 이룬 사람의 공통점이 있다.

첫째, 지독하게 가난했다.

둘째, 어떤 고난과 역경에 굴하지 않고 헤쳐 나갔다.

이들의 인생을 자세히 살펴보면 수많은 우여곡절을 겪었음을 볼 수 있다. 이 글을 읽는 그대는 어떤가? 가난하고 힘든가? 그렇다면 적임자다. 부유하고 여유로운가? 꿈이 없다면 그것이 가난한 거다. 가슴에 대고 소리쳐 보자.

"나라고 성공하지 말란 법은 없잖아!"

꿈을 밀고 나가는 힘은
머리가 아니라 심장이다

인생을 바꿀 수 있다고 믿어라. 그러면 성공할 수 있다.
김병완 《48분 기적의 독서법》

가슴이 시키는 일

한 분야에 집중해 성공을 이룬 사람들은 공통된 특징이 있다. 지독한 노력파라는 것이다. 그들은 어려움에 굴복하거나 포기하지 않고 오뚝이처럼 일어났다. '도끼도 갈면 바늘이 되듯' 죽을힘을 다해 노력하는 이를 이길 재간이 없다.

 남이 시켜서 하는 일이 아닌 자신의 가슴이 시켜서 하는 사람은 대충하지 않는다. 하지 않으면 심장이 터지니까. 뼈가 부서지고 몸이 가루가 되는 한이 있더라도 힘을 다하여 고군분투한다.

소설가 이외수는 가슴이 시켜서 죽을힘을 다해 성공했다. 지금 그는 책만 출간하면 베스트셀러가 되는 성공한 작가가 되었지만, 그의 삶은 그야말로 파란만장했다.

그는 7년이나 다니던 춘천교육 대학을 중퇴해야 했다. 술과 함께 방황을 거듭하는 가운데 학비를 제대로 내지 못했기 때문이다. 방세가 밀려 월세방에서도 쫓겨나야 했다. 몸뚱이 하나 누일 데 없어 친구 집에 빌붙기도 하고 심지어 개를 쫓아내고 개집에서 눈을 붙인 적도 있다. 당시 생라면 하나로 일주일을 버틴 적도 있었는데 며칠은 면을 부숴서 먹고, 며칠은 수프는 물에 타서 먹으며 버텼다. 그는 굶는 날이 많아 다리가 후들거리고 하늘이 노랬다고 한다.

누구보다 힘든 나날을 보낸 그는 소설을 쓰기로 마음먹었다. 남들처럼 먹고사는 문제에 자신의 삶을 저당 잡히기 싫었다. 배고픔과 외로움을 달래며 쓴 소설《견습 어린이들》이 1972년 〈강원일보〉에 당선되어 문단에 등단했다. 그 이후에도 가난은 계속되었지만, 소설에 대한 열정은 강했다.

내가 살아온 모든 나날은 처절한 굶주림과 고통의 연속

이었지만 그것들 또한 나의 재산이다. 그것들은 언젠가는 내 소설의 거름으로 썩을 것이다. 그리고 그 거름이 단 한 그루의 나무라도 크게 키워 아름다운 열매를 맺게 할 것이다. 나는 오직 그 희망이 있으므로 부끄러움을 무릅쓰고 아직도 잘 살아 있다.

그는 《꿈꾸는 식물》, 《들개》, 《칼》 등의 작품을 통해 세상에 이름을 알렸다. 이후 《황금비늘》, 《장외인간》 등이 수십만 부가 팔리며 명실공히 베스트셀러 작가가 되었다.

한때 그는 방문을 뜯어내고 감옥 철문을 달아 3년 동안을 소설 쓰는 일에만 몰두했다. 가슴이 시켜서 하는 일이었기 때문에 가능했을 것이다.

누가 뭐라 해도 밀고 나갈 수 있는 힘은 꿈에 대한 열망의 강도에 달려 있다. 꿈을 포기한다면 꿈에 대한 확신이 부족하기 때문이다. 이외수는 사람들에게 이렇게 조언한다.

오로지 한 가지 꿈에 순정을 바칠 결심을 해라. 평생을 바쳐도 아깝지 않은 꿈, 그대와 연관된 모든 사람을 행복

하게 만드는 꿈. 그러한 꿈을 이루기 위해 노력한다면 분
명 자신이 원하는 인생을 창조할 수 있다.

가슴이 시켜서 하는 꿈이 '진짜 꿈'이라면 누가 시켜서 억
지로 가진 꿈은 '가짜 꿈'이다. 청춘은 '진짜 꿈'을 가져야
하고 꿈의 주인이 되어야 한다.

《멈추지 마! 꿈부터 써봐》의 저자이자 사회적 기업 '드림
파노라마'를 운영하고 있는 '꿈 전도사' 김수영은 가슴이
가리키는 꿈을 향해 도전했고, 그의 이야기는 청춘들에게
또 다른 꿈을 심어주었다.

 지금은 화려한 꿈 전도사로 누구보다 행복한 삶을 사는
그녀는 학창시절에는 소위 문제아였다. 중학교를 중퇴하고
가출을 하기도 했다. 노는 오빠들과 오토바이를 타고 몰려
다니며 부모의 애를 태웠다.

 어느 날, 이렇게 살아선 안 되겠다는 생각이 들어 단단히
마음먹고 책상에 앉아 독한 마음으로 공부를 시작한 그는
고교 3년 내내 전교 1등을 놓치지 않았다. 1999년에는 KBS

<도전! 골든벨>에 참가해 실업계 고교생으로는 처음으로 골든벨을 울려 '골든벨 소녀'라는 별명을 얻었다.

장학금으로 대학을 졸업한 이후 골드만삭스에 입사했지만 9개월 근무하고 과감하게 사표를 던졌다. 그러나 기쁨도 잠시 우연히 건강검진에서 몸에 암세포가 있다는 진단을 받고 그는 죽기 전에 하고 싶은 목록, 즉 버킷리스트를 적었다.

"인생의 3분의 1은 한국에서 살았으니 다음 3분의 1은 세계를 돌아다니고, 마지막 3분의 1은 가장 사랑하는 곳에서 살고 싶다"는 첫 번째 꿈을 비롯해 73가지의 꿈 리스트를 완성했다. 이후 한국을 떠나 런던대학교에서 석사를 마치고 영국계 석유회사 로열더치셸에 입사해 연 800만 달러의 매출을 담당하는 카테고리 매니저로 근무하기도 했다.

꿈쟁이, 드림 멘토 등 어느새 김수영 대표에게 따라붙는 별명은 여러 가지가 되었다. 하나같이 긍정의 기운이 샘솟게 하는 별명이다.

그녀는 73개의 꿈 리스트 가운데 뮤지컬 배우 되기, 부모님 집짓기, 밸리댄스 공연, 라틴아메리카 여행, 킬리만자로 오르기 등의 48개의 꿈을 70여 개국에서 이뤄 왔다. 최근에는 83가지로 꿈이 늘어났다고 한다.

저서 《당신의 꿈은 무엇입니까》, 《드림 레시피》를 펴내고 사회적 기업 '드림 파노라마'를 설립해 꿈을 이루어 내는 자신의 노하우를 바탕으로 다른 사람들의 꿈을 응원하는 드림 멘토로서 영역을 계속 넓혀가고 있다. 수많은 강연과 블로그, 트위터를 통해 꿈을 갈구하는 젊은이와 소통하며 다양한 방법으로 꿈의 씨앗을 나누어주고 있다.

김수영의 꿈이 상상하기 힘들 정도로 세상을 향해 뻗어 나가는 것을 보면 '꿈'의 위력을 실감한다. 마냥 모래알처럼 쌓았다가 부서지는 꿈이 아니라 그가 만들어 가는 꿈의 성전은 눈에 보이는 현실이고 실체라서 더욱 아름답다.

우리는 가슴이 시켜서 하는 일을 해야 한다. 즉 꿈의 주인이 자신이어야 한다. 눈부신 미래, 행복한 내일은 가슴이 시키는 일을 할 때 주어진다. 가슴이 가리키는 방향으로 나아갈 때 지치지 않고 목표에 다다를 수 있다. 심장이 뛰지 않으면 죽은 생명이다. 꿈이 없는 인생은 희망이 없다.

"꿈을 밀고 나가는 힘은 이성이 아니라 희망이며 머리가 아니라 심장이다."

꿈꿀 때
일생은 빛난다

행복은 가치 있는 이상의 점진적인 실현이다. 나이팅게일

꿈꾸는 삶은 행복하다

조던 매터의 《우리 삶이 춤이 된다면》이란 사진집을 감명 깊게 보았다. 같은 제목으로 작년 7월 사비나 미술관에서 전시회가 열리기도 했다.

이 사진집에는 최고의 무용수들이 춤추는 장면이 담겨 있다. 본래 이 사진들은 무용수들의 홍보용으로 쓰이기 위한 것이었으나 주위의 일상적인 공간에서 춤을 추는 그들의 모습은 열정으로 가득한 세상을 반영하는 예술이 되었다. 이 사진집은 색다른 재미를 느낄 수 있는 것으로 가득하다.

'우리 삶이 춤이 된다면'

제목이 인상적이다. 어떻게 우리 삶이 춤이 될 수 있을까?

조던 매터의 사진이 알려지기 시작한 건 그가 개인 홈페이지에 올린 작품이 사진 전문지 '오늘의 사진' 블로그에 실려 각종 뉴스와 잡지에 소개되면서부터다.

이 사진집의 '꿈꿀 때 일상은 빛난다'와 '모험이 없으면 죽은 삶이다'라는 두 챕터가 묘하게 대비된다. 매일 춤을 추듯 즐겁게 자신이 하고 싶은 일에 도전하며 살 수 있다면 얼마나 행복할까? 그 행복을 다른 사람에게 전파할 수 있다면 또 얼마나 행복할까?

상상하면 꿈이 현실이 된다

영국을 대표하는 버진 그룹을 이끄는 리처드 브랜슨 회장은 재미있는 사업이라면 뭐든 하는 괴짜이면서 최고의 동기부여가이다. 그는 15세 때 학업을 중단하고 기업가로 변신했다. 처음에는 작은 레코드 가게로 시작해 차츰 항공사, 모바일, 인터넷, 미디어, 호텔, 우주산업, 레저 등으로 영역을 확장했다. 현재 그의 사업은 300여 개 계열사를 거느리

고, 종업원 수는 5만 명이 넘으며, 연 매출액은 180억 달러
에 달하는 영국을 대표하는 거대 기업으로 성장했다.

그는 사업을 하는 이유가 단지 재미있기 때문이라고 한다.

우리가 재미있게 잘할 수 있다고 확신하면 어떤 대기업
이 버티고 있더라도 도전합니다. 그래서 그간 시장을 점
령했던 대기업을 흔들고 이들의 시장점유율을 가져오죠.

리처드 브랜슨은 뉴욕 타임스퀘어 상공 크레인에 매달린
적이 있다. 브로드웨이 뮤지컬 '폴 몬티' 출연 배우와 함께
휴대전화로 국부만 가린 채로 말이다. '누드'처럼 보이는
보디 슈트를 입은 채였지만 홍보 효과는 기대 이상이었다.
이 퍼포먼스로 '숨길 것 없다'는 버진 모바일의 모토는 소
비자의 마음속 깊이 각인되었다. 그의 기발한 상상력은 가
히 압도적이다.

미국에서 '버진 콜라'를 출시할 때는 직접 탱크를 몰고 뉴
욕 타임스퀘어에 들어가 코카콜라 간판에 대포를 쏘는 퍼포
먼스를 벌이기도 했다. 그는 실제로 경찰의 조사를 받기까

지 했다고 한다.

웨딩서비스 업체인 '버진 브라이드'를 시작할 때는 웨딩드레스 차림의 여장을 하고 나타났다. 걸프전 발발 직전에는 인질 구출을 명분으로 바그다드 비행 작전을 감행하기도 했다.

또한 그의 열정은 우주여행 시대를 열고 있다. 버진 그룹의 계열사인 버진 갤럭틱은 자체 개발한 우주선 '엔터프라이즈'의 유인 비행을 성공리에 마치고 우주여행을 떠날 사람을 모으고 있다.

브랜슨은 영국 자산순위 5위에 드는 억만장자이지만 지구온난화 같은 환경 문제, 에이즈와 결핵 퇴치를 위한 자선 활동에 재산의 절반을 환원하는 책임 있는 경영자로도 명성이 자자하다.

그는 저서 《내가 상상하면 현실이 된다》에서 자신과 목표에 대한 강한 믿음에 대해 이렇게 적었다.

내가 내 배의 선장이고, 운명의 주인이라는 철저한 주인 정신 없이는 인생은 타인의 것이 되기 십상이다. 타인에 의해 좌지우지되는 삶에는 어떤 성취도, 보람도 없다.

"우유를 먹고 싶으면 들판 한가운데 놓인 의자에 걸터앉아
서 소가 다가오기만을 바라면 안 된다."

그의 어머니가 자주 들려주었던 이 속담은 그의 삶을 잘
대변해 주고 있다. 그는 제아무리 복잡한 문제도 해결책은
있게 마련이기에 최선을 다해 자신의 길을 가면 된다고 말
하며 스스로 실천했다.

돌이켜 보면 나는 예전에 우유가 먹고 싶어도 항상 소가
다가오기만을 기다렸다. 평소 말은 급하고 빨랐으면서 무
엇인가 결단이 필요할 때는 망설이다가 기회를 놓치곤 했
다. 특히 휴가와 관련된 일에서 아이들, 돈, 시간, 할 일 등
을 이리저리 재다가 결국 아무것도 하지 못했다.

그에 비해 브랜슨의 '하고 싶으면 당장 시도하는' 추진력
은 부럽기까지 하다. 그가 더 존경스러운 것은 자신의 꿈뿐
만 아니라 더 나은 세상을 꿈꾼 사람이기 때문이다.

아프리카에서는 매년 약 150만 명의 아이들과 75만 명의

임신한 여성들이 말라리아로 죽어간다. 또한 지금까지 1,700만 명의 사람들이 에이즈로 죽었고, 3,000만 명 이상이 고통받고 있다. 이런 문제들이 정말 우리와는 상관없는 일들일까? 우리가 조금만 관심을 갖는다면 죽어가는 그들을 살릴 수 있고, 세상을 바꿀 수도 있다. 우리는 태어나서 알게 모르게 많은 혜택을 받았고, 이제 그것을 나눠줘야 할 때다.

세상을 아름답게 하고자 하는 꿈을 가지고 살고 있기에 그의 일생은 더욱 빛이 난다. 모든 사람에게 기회를 주고 싶다는 그는 각자의 빛을 가지고 태어났지만 그 빛을 발산하지 못한 사람들, 즉 아프리카를 마음에 담았다. 가난과 에이즈, 질병에 시달리는 인류에게 더 나은 세상을 만들어주고자 하는 브랜슨의 꿈을 마음껏 응원하고 싶다.

세상을 행복으로 채우는 꿈을 꾸다

〈로마의 휴일〉로 유명한 영화배우 오드리 헵번은 전쟁 피해 아동의 구호와 저개발국의 복지 향상에 이바지하는 유니세프에 공헌했다.

헵번은 발레를 좋아하는 꿈 많은 소녀였는데 170센티미터에 달하는 큰 키는 발레에 적합하지 않다는 이야기를 듣고 무용을 그만두었다. 그 후 그녀의 매력을 알아본 소설가 꼴레뜨가 자신의 작품을 각색한 브로드웨이 연극 〈지지〉에 오드리 헵번을 캐스팅했고 이 연극을 계기로 1953년 윌리엄 와일러 감독의 영화 〈로마의 휴일〉에 주연으로 출연해 일약 은막의 여왕으로 부상했다.

그녀의 인생 제2막은 유니세프에서 시작되었다. 유니세프의 친선대사로 활동하며 그녀는 자발적으로 구호 활동을 해 나갔다.

저 자신이 2차 대전 직후 유니세프로부터 식량과 의약품을 지원받았기에 유니세프가 얼마나 중요한 일을 하는가를 증언할 수 있습니다. 유니세프에 대한 감사와 신뢰의 마음은 평생 변하지 않았습니다. 앞으로도 그럴 겁니다.

그녀는 60세를 바라보는 나이에 유니세프가 원하는 곳이면 어디든 달려갔다. 보수는 1년에 1달러이고 교통비와 숙박비 외에는 아무것도 제공되지 않았지만 힘이 닿는 데까지 헌신을 다했다. 그녀의 발길은 아프리카 전 지역을 비롯해 방글라데시, 엘살바도르 등 50여 곳이 넘게 이어졌다. 1992년에 소말리아를 방문했을 때는 그 나라 어린이들의 비참함을 보고 언론을 향해 "어린이 한 명을 구하는 것은 축복입니다. 어린이 백만 명을 구하는 것은 신이 주신 기회입니다"라며 더 많은 구호의 손길을 눈물로 호소했다.

인생을 사는 동안 꿈을 꾸는 자는 행복하다. 어떤 사람은 재미있는 일을 하며 성공을 꿈꾸고, 자신이 이룬 것을 통해 세상을 더 행복하게 하고자 하는 꿈을 꾼다. 리처드 브랜슨과 오드리 헵번이 그런 종류의 사람이다. 꿈을 이룬 뒤에도 끊임없이 다른 사람에게 긍정적 영향을 미치는 것이야말로 진정 성공한 인물의 모습이 아닐까.

큰 꿈이 될 때까지
키워 가라

도중에 포기하지 마라. 망설이지 마라. 최후의 성공할 때까지 밀고 나가자.
데일 카네기

작은 꿈부터 키워 가라

나는 올해 처음으로 블로그를 배워 운영하고 있다. 전혀 상식이 없었기에 '블로그 운영 가이드'라는 CD를 주문하여 독학으로 허접스럽게나마 겨우 만들 수 있었다. 하나씩 익혀 가느라 시간과 노력이 많이 들었지만 하나씩 포스트를 써서 블로그에 올릴 때마다 마음이 뿌듯했다.

알지 못하는 것을 하나씩 알아갈 때 그것이 배움의 기쁨인데 나는 매일 그 기쁨을 맛본다. 미지의 세상에 있는 것을 내 것으로 만들어 나를 성장시키기 위해서는 당연히 시간과 노력을 쏟아야 한다. 블로그에 하나씩 꿈을 기록하고 채워 갈 것이다. 나의 작은 꿈이 온 세상을 밝히는 희망의 판도라 상자가 될 때까지 말이다.

국내 최대의 PR 회사인 프레인의 여준영 대표는 자신의 홈페이지에 '인생은 종량제'라는 글을 올린 적이 있다. 다음은 그 글의 일부를 발췌한 것이다.

인생은 길고 우리는 모두 작은 티스푼을 하나씩 들고 있다. 그 티스푼으로 물을 퍼서 커다란 수조로 옮기게 되어 있다. 남들이 퇴근한 다음에 내가 열 스푼 더 퍼 날랐다면 그냥 그날 좀 더 고생하고 마는 게 아니라 내 수조에 열 스푼 분량의 물이 더 들어가 있다. 수조가 워낙 넓어 당장 몇 시간 더 일해 봐야 표도 안 나서 조바심이 나겠지만, 그 물은 어디로 새지 않는다. 내가 보장한다. (……) 인생은 종량제다. 하나님이 인생을 무한대로 고생하게끔 고약하게 설계하신 게 아니라서, 지금 조금 더 한 것은 나중에 딱 그만큼 덜하게끔 되어 있다.

그의 말처럼, 몇 스푼 물을 더 퍼 나른다고 당장 표가 나지는 않지만 성공과 실패는 아주 작은 것에서 기인하는 경우가 많다. 기본적인 양자 수준에서 수은과 금의 차이는 겨우 양성자 1개이며 납과 금의 차이도 겨우 양성자 3개이다. 이처럼 모든 것은 아주 작은 것에서 시작한다.

작은 열망이 원대한 꿈을 이룬다

수원시 평생학습관에서 시골 의사 박경철의 명사 특강이 있었다. '고대 그리스에서 배우는 지혜'라는 주제로 열렸는데 그의 저서 《문명의 배꼽 그리스》라는 신간과 관련된 강의였다.

그는 23세 때 서점에서 니코스 카잔차키스의 《그리스인 조르바》와 《그리스도 십자가에 다시 못 박히다》를 구입해 잠도 식사도 잊은 채 두 권의 책을 꼬박 하루 만에 다 읽었다. 그때 그는 생애 처음이자 마지막으로 독서를 통한 영감의 불꽃을 맞이했다. 몇십 년이 흐른 후 그리스로 답사 여행을 떠나게 한 원천이 그때 읽은 책이었단다.

'그리스'에 대한 영혼의 작은 떨림이 중년의 나이에 뜨겁게 되살아나 그리스 전체를 여행하며 총 10권의 책을 써낼 예정이라고 한다. '작은 것이 아름답다'는 말처럼 마음속에 품었던 작은 열망이 결국 그를 움직이게 하고 원대한 꿈을 향하도록 이끌었다.

만일 그가 《그리스인 조르바》를 읽지 않았다면 《문명의 배꼽 그리스》는 결코 세상에 나오지 못했을 것이다. 독서를 통한 영감의 불꽃을 맞이하지 않았다면 어떻게 수많은 책을 읽고 작가가 될 수 있었겠는가. 시골 의사 박경철이 청년들의 멘토가 될 수 있었던 것은 한 스푼씩 물을 푸듯이 시간을 아끼고 쪼개서 다방면의 책을 섭렵해서 이룬 결과이다.

꿈과 연애하듯 사랑으로 키워가라

국제사회복지사로 활동하고 있는 김해영은 전 아프리카 보츠와나 굿 호프 직업학교 교장을 역임하고 현재 남부 아시아 부탄 지역사회 개발 프로젝트 팀장을 맡고 있다.

그는 척추장애로 인해 키가 130센티미터에 불과하다. 태어난 지 얼마 되지 않은 핏덩이를 아버지가 술김에 던졌기 때문이다. 그는 어렸을 때부터 지독한 가난과 가정 불화, 어머니의 폭력에 시달렸다.

"너 같은 건 태어나지 말았어야 했어!"

정신이 온전치 못한 어머니가 식칼을 들고 덤빌 때 그는 집을 나왔다. 그리고 어느 한의원에 들어가 월급 3만 원을 받고 식모로 일했다.

어느 날, 그는 작은 꿈을 꾸었다.

'나도 가치 있는 인간이 되고 싶다.'

평생 그 같은 모습으로 살게 되는 것이 두려웠던 김해영은 직업훈련원에서 옷감을 짜는 편물을 익혔고 하루 14시간씩 일했다. 그는 수없이 고통스러울 때마다 "혜영아! 너는 잘 할 수 있어" 하고 자신을 믿고 격려했다. 1985년에 그는 콜롬비아에서 열린 세계 장애인 기능경기대회에서 기계편물 부문 세계 1위를 차지하여 이 분야의 최고가 되었다.

어느 날 평범한 회사원으로 생활하다가 갑자기 쓰러져 죽을 고비도 넘겼다. 이후 자신이 정말 무엇을 하고 싶은지 자신의 '꿈'에 대해 고민했다.

그는 사회봉사에 눈을 돌려, 머나먼 아프리카 보츠와나에

신설된 '굿 호프 직업학교'에 편물 교사로 봉사를 떠났다. 그곳의 아이들은 그에게 '예쁘다'고 말하며 보츠와나에서 단 한 명뿐인 편물 교사를 무척 따르고 존경했다.

난관에 부닥친 학교를 살려내기도 한 그는 더 큰 꿈이 생겨났다. 전문적인 자원봉사자의 삶을 향해 달려 나가기로 한 그는 14년 동안의 아프리카 생활을 마무리하고 미국으로 건너가 1년간 한눈팔지 않고 열심히 공부한 끝에 컬럼비아 대학교 국제사회복지대학원에서 석사학위를 받았다.

최근에는 남부 아시아의 부탄에 직업학교를 설립하여 편물 기술뿐만 아니라 꿈과 희망, 열정을 나눠주겠다는 목표를 세웠다.

매 순간 온 힘을 다해 최선을 다하여 살아온 그녀는 자신의 인생을 '학취개진學就開進의 삶'이라고 말한다. '배움으로써 어려움을 이기고, 배움으로써 꿈을 찾고, 배움으로써 비전을 세우며, 배움으로써 삶을 나눈다'는 이 말을 가슴 깊이 새기고 자신이 원하는 곳이 아닌 자신을 원하는 곳에서 마음껏 나눔과 봉사의 삶을 살고 있다.

그는 자신의 저서 《청춘아, 가슴 뛰는 일을 찾아라》에서

"지금 노력의 씨앗을 심는 사람이 있다면 반드시 몇 년 후, 혹은 몇 십 년 후 그 노력에 걸맞은 결실을 얻을 수 있다"고 말한다.

산이 높을수록 골짜기가 깊다. 아침이 올수록 어둠은 더 짙다. 김해영은 막막하고 어려운 청춘에게 꿈, 인생, 희망을 찾아가는 법을 자신의 삶을 통해 말해주고 있다. 어렸을 때의 좌절과 어려움을 봉사로 승화시킨 그녀가 인상적인 말을 남겼다.

이제부터 자신의 값어치를 만들어 나가야 할 시기에 지금 당장 눈에 보이는 것만으로 판단하고 절망한다면 그건 '공짜 심보' 아닐까요? 기적은 살아가는 과정에서 만들어지는 것이지, 당장 눈앞의 결과로 나타나지 않아요.

꿈은 하루아침에 위대하게 이루어지지 않는다. 그래서 꿈은 정직하다. 내가 심고 물을 주고 정성과 사랑을 쏟은 만큼 자란다. 자신 안에 있는 작은 소망의 씨앗을 볼 수 있는 사람만이 꿈과 연애하듯 사랑하고 키워갈 수 있다.

리처드 바크의 《갈매기의 꿈》에서 갈매기 조나단은 먹이만 중요시하는 평범한 갈매기들과 달리 자신의 삶을 위하여 나는 법을 배우려고 끊임없이 시도한다. 조나단은 갈매기 집단에서 따돌림을 당하지만 포기하지 않고 가장 높이 날기 위해 열심히 노력했다. 조나단이 한 말을 들어보자.

지금 이 생에서 어떤 배움을 얻는가에 따라 우리는 우리의 다음 생을 선택한다. 아무런 배움도 얻지 않는다면, 그다음 생 역시 똑같은 것일 수밖에 없다.

날기가 소원인 조나단은 작은 목표를 이루기 위해 조금씩 힘썼다. 매일 똑같은 짐, 똑같은 한계에 갇혀 고통받는 대신 배우고 발견하고 자유로워지길 원했다. 행동주의 심리학에서도 목표를 잘게 세분해서 세우고 그 목표에 도달한 후에 더 큰 목표에 도전할 것을 강조한다.

이제 더는 빠르고 위대한 성공 비결을 찾아 헤매지 마라. 그대 가슴속에서 싹트는 작은 재능과 호기심을 발견하고 꾸준히 노력함으로써 큰 꿈이 될 때까지 키워 가라.

가슴이
시키는 일

가슴이 시키는 일은 하고 살자. 그러나 책임은 스스로의 것임을 기억하자.
신준모 《어떤 하루》

목표를 시각화하는 '보물지도'

일주일 만에 일본 아마존 베스트셀러 1위에 오른 《보물지도》에는 누구나 쉽게 목표를 이룰 수 있는 최상의 성공 노하우인 '꿈의 설계도'가 실려 있다.

한 인터넷 카페에 초등학교 4학년생이 '보물지도'를 만들었다는 글이 올라왔다. 엄마와 함께 《보물지도》를 읽고 직접 만들었다는 아이의 보물지도에는 가슴 뛰는 꿈이 담겨 있었다. 아이는 한눈에 볼 수 있도록 자신의 롤모델, 원하는 대학, 타고 싶은 차, 살고 싶은 집의 사진을 찾아 보물지도에 붙여놓았다. 또 자신이 대학교수가 되어 강의를 하고 있는 모습을 그려놓았다. 그 아이는 틀림없이 매일 가슴이 가리키는 방향으로 한 걸음씩 나아갈 것이다.

《보물지도》의 저자는 시각화의 중요성에 대해 조언한다.

보물지도의 역할을 간단하게 표현한다면, 당신의 마음속에 있는 '흐릿한 소망'을 당신 눈앞에 '명확한 이미지'로 나타내는 것입니다. 그 결과, 뇌는 자연스럽게 당신의 소망을 이미지로 반복해서 그리게 되고 스스로 행동할 수밖에 없게 만듭니다. 거기에는 특별한 힘이나 노력도 필요 없고, 스트레스도 생기지 않습니다.

즉 마음속에 파편처럼 모였다 흩어졌다 하는 꿈의 조각들을 모아 하나의 선명한 이미지로 만드는 것이다.

서울대 김난도 교수는 이태형의 저서 《인생에서 가장 소중한 것》에서 청춘들에게 이렇게 이야기한다.

인생에서 가장 중요한 것은 '인생의 조각들을 성실히 맞추는 것'이다. 인생은 작은 모자이크 조각들을 하나하나 쌓는 퍼즐 놀이이고 인생에서 '한 방'에 이뤄지는 경우는 없다. 인생은 천천히 이뤄지는 기적이다. 인생에는 정말 우연이란 없다. 인생은 또한 수많은 모자이크를 맞춰 나가는 과정이다. 오늘 인생의 조각들을 성실히 맞추다 보면 모두가 큰 바위 얼굴이 될 수 있다. 오늘 이 시간 영웅이 되는 것이 바로 큰 바위 얼굴 이야기이다. 누구나 큰 바위 얼굴이 될 수 있다는 것, 그것이야말로 우리가 인생에서 맛볼 수 있는 최고의 기적이다.

인생에 우연은 없다. 살아가는 동안의 모든 일은 점과 같고 점과 점이 이어져 오늘이란 시간이 완성된다. 지금 이 순간 청춘이 맞이하는 모든 순간은 하루아침에 이루어진 것이 아님을 기억해야 한다.

내일 지구가 멸망하더라도 지금 하고 있는 그 일을 계속할 생각이 아니라면 당장 그만둬야 한다. 먼 훗날에 후회하지 않는 인생을 살려면 오늘 내가 하는 일은 가슴이 시키는 일이어야 하고 마음의 북소리를 따라가는 일이어야 한다.

가슴이 시키는 꿈을 찾아라

김이율은 저서 《가슴이 시키는 일》에서 "먹고살기 위해서 억지로 하는 일이 아닌, 내가 정말 하고 싶고, 하면 할수록 내가 정말 행복한 일"을 가슴이 시키는 일이라고 정의했다.

손미나 전 아나운서는 1997년 방송국에 입사해서 〈도전! 골든벨〉 등의 프로그램을 맡으며 '미나 공주'로 대중의 사랑과 인기를 한몸에 받았다. 직장 생활 8년 동안 앞만 보며 달려온 그녀는 마음속으로 스스로 질문을 던졌다.

'지금 나는 행복한가?'

대학 시절, 그녀는 어학 연수차 스페인에 간 적이 있었다. 낯선 땅, 낯선 문화에 모든 것이 익숙지 않았지만 그 속에서 느꼈던 설렘과 자유, 아무에게도 방해받지 않는 작은 행복을 잊지 못했다.

그녀는 결국 사표를 던지고 스페인으로 떠났다. 그 후 《스페인, 너는 자유다》, 《파리에선 그대가 꽃이다》를 출간하고 '손미나앤컴퍼니'를 설립해 CEO로의 변신을 선언했다.

2013년 〈여성신문〉의 '여성이 힘이다'라는 칼럼에 손미나와의 인터뷰 기사가 실렸다. 그녀는 자신이 실패라는 위험을 무릅쓰고 도전한 까닭을 이렇게 말했다.

지금 제 인생을 레고로 표현하면 다양하고 특별한 레고
조각 수십, 수백 개를 모은 셈이라고 할 수 있어요. 이제
까지는 제 레고들을 다른 이들에게 빌려주기만 했다면,
이제는 주체적으로 레고를 가지고 저만의 무엇을 만들어
야 할 때라고 생각했지요. 그래서 제 인생의 테마인 '여
행'을 기반으로 다양한 콘텐츠를 기획해 보기로 한 거예
요. 자아를 찾는 여행, 여행자를 위한 학교, 여행을 테마
로 한 허브 공간, 여행을 통한 사회공헌까지 정말 기대돼
요.

덧붙여, 안정과 최고를 찾으며 더 이상의 도전도 실패도
변화도 없는 '죽은 삶'을 사는 것은 싫었다고 말한다. 그는
안정적인 회사라는 구명조끼를 벗고 남들이 가는 길을 따라
가기보다 가슴속 뜨거운 것을 따라가 보라고 조언한다.
손미나처럼 평범하고 안정된 구명조끼를 벗어 던지기가
쉬운가. 나는 아이 셋을 낳아 기르면서 한번 홀로 여행을

가겠노라고 마음먹었지만 실행하지 못했다. 내 자신이 맴도는 자리를 벗어난 적은 손꼽을 수 있을 정도로 적다.

15세 때부터 꿈의 목록을 작성하고 어른이 된 후에 무려 111개를 달성한 '존 고다드'처럼 내 안의 위대한 용기의 힘과 인내의 힘이 있는 줄 몰랐기 때문인가? 어쨌든, 떠나고 싶을 때 떠나고 자신만의 꿈을 만들어 내는 그녀가 부러운 것은 나만이 아닐 것이다.

영화 〈티벳에서의 7년〉에서 오스트리아 산악 등반가인 하인리히 하러는 만삭인 아내의 울부짖음을 뒤로한 채 자신의 목표인 '히말라야 등정'을 떠난다. 히말라야에서 나치로 몰리며 영국군에게 체포되어 결국 티벳에서의 삶은 만신창이가 되지만, 그는 마음속으로 간절히 원하던 꿈을 찾아갔기에 그것이 행복이었다.

누구나 꿈이 있다. 하지만 꿈을 이루는 사람이 있는 반면 꿈은 그저 꿈으로 끝내는 사람이 있다. 그 차이는 바로 꿈을 찾는 노력이다. 가슴이 시키는 꿈을 찾아 그 꿈을 하나씩 실천에 옮겨라. 먼 훗날, 꿈이 있었지만 그 꿈을 이루기 위해 노력하지 않았던 날을 후회하지 않으려면 말이다.

선택은
나의 몫

최고의 인생을 살고 싶다면 열정과 소망을 버리지 마라. 어떤 상황에서도 기쁨과 행복을 빼앗기지 마라. **조엘 오스틴 《긍정의 힘》**

우리 인생은 선택의 연속이다

스펜서 존스의 저서 《선택》에 나오는 우화이다.

젊은이는 고개를 끄덕였고 두 사람은 잠시 동안 말없이 걸었다. 이윽고 길잡이가 젊은이에게 물었다.

더 나은 결정을 내리기 위해서 자네가 첫 번째로 해야 할 일이 뭔지 아나?"

"글쎄요."

젊은이가 머뭇거리면서 말했다.

"무엇을 해야 하는지 모른다면, 그럼 무엇을 하지 말아야 하는지는 알고 있나?"

솔직히 젊은이는 그동안 일이 너무 많고 바빠서 무엇을 하지 말아야 하는지 생각해 본 적이 없었다. 그때 갑자기 길잡이가 걸음을 멈췄다. 길잡이는 젊은이의 얼굴을 똑바로 쳐다보며 단호하게 말했다.

"먼저, 지금 하고 있는 것을 모두 그만둬야 하네."

길잡이는 그렇게 말하고는 지갑에서 반으로 접혀 있는 종이쪽지 하나를 꺼내어 그 내용의 일부를 젊은이에게 보여 주었다. 그것을 본 젊은이는 잠시 생각에 잠기는 듯하더니 배낭에서 작은 수첩을 꺼내 다음과 같이 적었다.

"더 나은 결정을 내리기 위해 나는 먼저 좋지 못한 결정을 밀어붙이지 말아야 한다."

선택을 바꿀 때 혹은 새로운 선택을 할 때 어떤 선택이 더 좋은지 모를 때 우리는 불안하다. 어찌 보면 우리는 살아가면서 모든 것이 선택의 연속이다.

내가 초등학교 교사가 되려고 교육대학을 택한 것도, 결혼

에 이어 아이를 가진 일도, 아이들의 마음을 이해하고자 초
등 상담 공부를 하게 된 것도 모두 선택이었다.

상담심리학 중에 '현실치료', 다른 말로 '선택이론'이 있
다. 글래서와 우볼딩은 WDEP라는 말을 사용하였는데 진행
단계를 간단하게 설명하면 다음과 같다.

Want 욕구 탐색하기 : 원하는 것이 무엇인지 탐색할 수
있도록 한다.
Doing 현재 행동에 초점 두기 : 현재 행동을 분석한다.
Evaluating 평가하기 : 현재 행동이 목표로 향하는 데 도
움이 되는지 평가한다.
Planning 계획하기 : 변화하고자 하는 의지를 보인다면
계획을 세울 수 있도록 돕는다.

선택이론에서 가장 욕구를 탐색해 무엇을 원하는가에 초
점을 두고, 현재 행동을 분석해 자신이 원하는 것에 도움이
되는지 평가한 다음 계획하도록 하는 상담 기법이다.

만약 임용고시를 준비하면서 친구들과 자주 만나 영화도

보고 스포츠 경기를 보러 다닌다면 자신이 원하는 합격을 기대하기 어려울 것이다. 에스라인 몸매를 꿈꾸며 다이어트를 하면서 저녁마다 맥주와 치킨을 즐긴다면 원하는 몸매를 만드는 것 한낱 기대로 끝나기 쉬울 것이다.

선택과 집중

일본 주식회사 무사시노의 고야마 노부루 사장은 "누구의 선택이 옳았고, 누가 더 집중했는지가 승패를 가른다"고 말을 하며 다음과 같이 강조했다.

우선 해야 할 일보다 하지 말아야 할 일을 정해야 합니다. 능력이 없는 사람일수록 많은 것을 하려고 하지요. 가만히 있어도 힘이 달리는데 여러 가지를 하니까 어디서도 최고가 될 수 없습니다. 최고가 되기 위해서는 먼저 하지 말아야 할 것을 정하고, 해야 할 일에 자기가 가진 모든 것을 쏟아부어야 합니다. 그러면 누구라도 어느 분야에서든 최고가 될 수 있습니다.

말하자면 성공의 승패는 '선택과 집중', 다른 말로 '포기와 집중'에 달려 있다. 만약 그대가 모든 것을 잘하려고 했다면 아마 모든 것이 잘 안 되고 있을 것이다. 하루가 24시간이라는 유한한 자원이라는 것을 안다면 그 시간 안에 우리가 하고 싶은 모든 것을 다할 수는 없다. 그래서 우리는 먼저 포기할 것을 포기해야만 한다.

해마다 올해 꼭 할 것 즉 '버킷리스트'를 꿈꾼다. '버킷리스트'를 이루려면 먼저 포기해야 할 것 즉 '포기리스트'를 적어 보라. 올해 글쓰기에 집중하기 위한 나의 '포기리스트' 목록은 세 가지였다. 부정적인 생각, 늘어지게 앉아서 텔레비전 보기, 포기하고 싶은 마음. 이것은 나의 꿈을 이루는 데 방해가 되는 것들이다. 안 된다는 부정적인 생각, 한번 보기 시작하면 계속 시청하는 텔레비전 보는 습관, 편하게 살고 싶어 힘들 때 포기하고 싶은 마음. 아마 나의 삶은 이 세 가지만 포기해도 오롯이 글 쓰는 시간을 확보하고 집중할 수 있을 것 같다.

모든 것을 잘하겠다는 생각은 버려라. 포기할 것을 정했다면 이제 그대가 선택하고 집중할 수 있는 것을 찾을 차례이다. 할 수 없는 것을 계획하고 작심삼일로 끝내는 것보다 어리석은 일은 없다. 자신의 능력 밖의 일을 안고 끙끙대다가 이것도 저것도 아니라면 시간낭비일 뿐이다. 내가 좋아하는 일, 잘할 수 있는 일을 선택해라. 온 마음과 뜻을 다해 집중해라.

그대의 선택이 옳았다면 이제는 누가 더 집중했는가가 승패를 가른다. 내가 어떤 선택을 해야 되는지 모른다면 잠깐 쉬는 것도 지혜이다. 잠깐 쉬는 중에 혜민 스님이 말한 '멈추면 비로소 보이는 것들'을 발견할지도 모른다.

무작정 앉아서 쉬라는 말이 아니다. 지금 이 순간 현재에 집중하라는 말이다. 모든 염려를 내려놓고, 쓸데없이 나의 시간을 빼앗는 영상매체도 잠시 끄라는 의미이다. 삶을 치열하게 살다 잠시 멈추어 쉬라는 말로 들린다면 다시 이해하기 바란다.

우리가 잠시 멈출 만큼 그렇게 치열하게 산 적이 과연 있었을까? 생채기 날 만큼 무엇인가에 온몸 던져 이루어온 일이 있었던가?

정말 나는 어떤 삶을 살고 싶은가? 나는 무엇이 되고 싶은

가? 이런 생각을 해 보라는 말이다. 아무 일이나 붙들고 씨름하다 포기한다면 처음부터 아예 안 하느니 못하다. 그래서 더 신중하게 선택해야 하고 조용히 생각하며 쉴 시간이 필요하다.

결국 선택은 다른 사람의 몫이 아니고 나의 몫이다. 내 꿈이 오롯이 내 꿈이듯이 말이다. 한 가지 선택했다면 승패를 가르기 위해 집중할 일만 남았다. 그대가 선택한 그 일에 성공하려면 누가 더 집중하느냐의 싸움이 남아 있다. 그것 또한 나의 몫이다.

우선순위를 정하고 다른 것은 다 포기하자. 이것저것 잘하려면 아무것도 못한다. 그대가 선택한 한 가지 일에 올인하라. 성공할 때까지 도전하면 반드시 기회가 올 것이다.

PART FOUR

꿈을 짊어지고 가는 인생이
더 가볍다

취업하지 않고
내 일을 한다면

길이 가까워도 가지 않으면 도달하지 못하고, 일이 작아도 하지 않으면 이루지 못한다. **중국의 격언**

삶을 바칠 수 있는 직업

'직장'은 나를 보호해주지 않지만, '직업'은 나를 보호해줄 수 있다. 이제 직장생활을 시작하는 네게 길어야 20~30년 지속할 수 있는 직장이 아니라 네 삶을 바칠 수 있는 직업을 찾으라고 꼭 말해주고 싶다.

최근 한겨레 신문과의 인터뷰에서 위기관리 및 컨설팅 전문가인 더랩에이치의 김호 대표가 사회 초년생에게 한 말이다. 그는 이어서 '커리어 개발을 위한 육하원칙(이하 육하 원칙)'을 발표했다. 요약해 보면 다음과 같다.

첫째, '무엇'을 선택할 것인가? '유망하지 않은' 분야라 해도 자신이 좋아하고 잘하는 일을 찾다 보면 성공의 가능 성은 높아진다.

둘째, '왜' 하는가? 안철수는 "내가 이 일을 하지 않으면, 세상에 과연 무엇이 달라지지?"라는 질문에 답해 보라고 한 적이 있다. '그냥 개인택시 운전'을 하는 것과 '나의 고객 이 원하는 장소에 안전하게 모셔다 드리는 우리나라 최고 의 1인 기업'을 경영한다고 생각하는 것은 큰 차이가 있다.

셋째, '누구와' 일하는가? 회사보다는 누구와 일하게 되 는지를 고려해야 한다. 좋은 사람과 일하게 되면 행운이지 만 그렇지 않은 경우라면 회사 밖에서라도 멘토를 두고 좋 은 영향을 받도록 노력해야 한다.

넷째, 10년 뒤 '어디에' 있을 것인가? 지난 10년 동안 생 각만 하고 실천을 하지 못했다고 한탄하지 말고, 앞으로 10 년을 미리 계획하고 실천하자.

다섯째, 언제 변화할 것인가? 사회의 트렌드보다 자신의 삶의 트렌드를 읽어 내는 것이 중요하다. 남이 나에게 변화를 가하기 전에 먼저 주도적으로 변화하자.

여섯째, 어떻게 일할 것인가? 자기 일만 잘하려고 하는 사람이 성공할 것 같지만, 결국은 다른 사람에게 도움을 주는 사람이 성공한다.

안전한 길에서 뛰어내리다

아직 미래가 불투명한 대학생이나 이직을 고려하는 직장인은 학점이나 스펙, 경력 쌓기, 영어 회화 등의 자기계발에 몰두한다. 안정적인 직장에 안착했다고 생각하는 직장인은 '기타 배우기'나 '헬스' 등의 취미를 갖는다.

나 역시 어렵게 공부하여 초등학교 교사라는 평범하고 안정적인 직장을 가진 이후 아쉽게도 변화를 꾀하지 못했다. '변화'라는 것이 열심히 하지 못했다는 것이 아니라 진정한 의식에 대한 변화가 없었다는 의미이다. 워킹맘으로 직장 생활하면서 세 아이를 키우는 것만도 벅차다. 그 와중에 하루 24시간이 모자랄 정도로 시간을 다투어 몇 가지 자격증과 대학원 석사학위 논문을 썼다. 김호 대표가 말한 육하원칙을 고려하지 않고 무작정 100미터 달리기를 한 것이다.

세스 고딘은 《린치핀》에서 사람이 평범함에서 벗어나지 못하는 이유로 다음 두 가지를 들었다.

첫째, 학교와 시스템에 의해 세뇌당한다. 직장 일이 곧 내 일이고, 규칙을 지키는 것이 내 일이라고 믿는다. 하지만 그런 시스템은 더는 작동하지 않는다.

둘째, 모든 사람의 마음속에는 겁에 질린 화난 목소리가 끊임없이 소리친다. 도마뱀 뇌가 저항하는 목소리다. 평범해지라고, 안전을 지키라고 말한다.

나는 누구보다 속도를 높여 인생을 달려왔지만 톱니바퀴처럼 제자리에서 맴돌았다. 평범해지라는 도마뱀 뇌의 목소리를 거부하지 못했다. 나는 이제 안전한 길에서 뛰어내렸다. 진정 하고 싶은 일, 즉 글을 쓰는 작가로서 꿈 없이 살아가는 이에게 동기를 부여하며 인생 이막을 열어 갈 것이다. '나라고 왜 안 되는가?' 자신에게 용기를 주면서.

스펙이 없어도 경험이 부족해도 괜찮다. 그대의 '의식'만 바꾼다면 말이다. 다행히 생각의 확장과 의식의 도약은 나이가 상관없다. 누구에게나 가능하다.

박수왕은 소셜네트워크를 창업한 어엿한 20대 CEO이다. 그가 개발한 스마트폰 애플리케이션 '아이러브 캠퍼스'는 전국 대학생 70만 명이 사용하는 필수 앱으로 자리 잡았다.

박수왕은 20세에는 김치를 납품하는 사업을 하고, 21세에는 콘서트장에서 야광봉과 망원경 등 응원 도구를 판매했다. 비록 사업에 실패하였지만 그는 사업에서 최고가 되어야겠다는 열망이 대단했다.

군대에서도 틈틈이 창업 아이템을 고민하던 그는 문득 "대한민국 남자라면 피할 수 없는 곳이 군대인데, 그 시간을 미래를 위한 준비 기간으로 만들 수 없을까?"라는 생각을 하고 《나는 세상의 모든 것을 군대에서 배웠다》를 펴냈다. 이 책은 단숨에 베스트셀러가 되었고 그는 책의 인세로 자신의 세 번째 회사인 소셜네트워크를 창업했다.

그는 사업을 시작한 뒤 오로지 피나는 노력을 기울였다. 현재 연 30억 원 이상의 매출을 올리고 있는 그는 19명을 직원으로 거느린 청년 기업가가 되었다. 또한, 대통령 직속 청년 위원으로 활동하고 있으며 차세대 CEO로 주목받고 있다. 박수왕은 〈MK 뉴스〉 '세대 간 멘토링'에서 성균관 대학교 김준영 총장과의 인터뷰 중 이렇게 말했다.

빠빠한 학업, 비싼 등록금, 극심한 취업난 등 쉽지 않은 현실이 눈앞에 있지만 이럴 때일수록 '할 수 있다'는 용기와 자신감이 필요하다고 생각한다. 진부하게 들릴지는 모르지만, 긍정과 희망으로 하나씩 도전하고 성공이든 실패든 경험을 쌓다 보면 반짝이는 미래가 기다리는 것 같다. 제가 그랬다. 학교에 관한 여러 정보를 스마트폰으로 볼 수 있으면 좋겠다는 작은 아이디어에서 시작했고 자신 있게 도전을 거듭하다 보니 대표가 됐다.

만약 박수왕이 취업하기 위해 스펙 쌓기에 열중했다면 오늘날의 성공이 있었을까? 인생은 '운7 기3'이라는 말이 있다. 스펙이 아무리 좋아도 100퍼센트 중의 30퍼센트밖에 안 된다는 이야기이다. 나머지 70퍼센트는 다른 요인에 결정되는 경우가 많다. 인생이란 개개인이 갖춘 능력보다 환경의 변화와 그 속에서 무엇을 선택해 가는가도 중요하게 작용한다는 말이다. 박수왕 또한 스펙보다 자신이 하고 싶었던 것을 선택하며 젊은 나이에 도전하여 성공을 이루었다.

청춘은 짧지만, 인생은 길다. 긴 인생을 사는 동안 정말로 하고 싶은 일을 찾아야 한다. 나의 강점과 약점을 알고 진정 내가 하고 싶은 일이 무엇인지 찾는 노력이 필요하다.

"돌다리든 뗏목이든 나무다리든 뭐든지 건너라. 그래서 실패하면 상을 줘라"라는 삼성 이건희 회장의 말처럼 도전하기에 충분히 젊은 나이가 청춘이 아닌가. 청춘은 1톤의 생각보다 1그램의 행동이 필요한 때이다. 임시 밥벌이나 돈벌이 수단이 아니라 내가 즐거워서 하는 일을 찾아야 한다.

세계 최고의 리더십 전문가 존 맥스웰이 《사람은 무엇으로 성장하는가》라는 책을 통해 한 말을 음미해 보자.

세계 여행, 대학원 진학, 취직, 생각할 여유 등 무엇을 계획하든 머리의 소리를 듣지 마라. 마음의 소리에 귀를 기울여라. 마음은 최고의 경력 상담가다. 자신이 정말로 사랑하는 일이 무엇인지 아직 정확히 모른다면 계속 탐색하라.

혼자서 가라
종착점에 가면 사람이 많이 있다

그러니 세상의 모든 딸들, 건투를 빈다. 혼자서 가는 사람들이 많으면 실은, 함께 가는 것이다. 공지영 《무소의 뿔처럼 혼자서 가라》

혼자 있는 시간이 중요하다

사람은 태생적으로 혼자 있을 때 외로움과 소외감을 느낀다. 창세기에 보면 하와가 혼자 있을 때 뱀이 하와를 찾아와 선악과를 따 먹도록 유혹하는 내용이 나온다. 왜 아담이 없는 틈을 노렸을지 짐작이 간다. 혼자 있는 시간에 하와의 마음이 허전한 것을 눈치채고 보암직하고 먹음직한 선악과로 빈틈을 노린 것이다.

심심한 오늘이 매일 계속된다면 그대의 내일은 어디에서 찾을 것인가? "미래는 현재 우리가 무엇을 하는가에 달려 있다”고 마하트마 간디는 말했다.

매년 전국의 수재가 모인다는 경남 거창 고등학교의 강당에는 신화처럼 내려오는 ‘직업 십계명’이 있다.

1. 월급이 적은 쪽을 택하라.
2. 내가 원하는 곳이 아니라, 나를 필요로 하는 곳을 택하라.
3. 승진의 기회가 없는 곳을 택하라.
4. 모든 조건이 갖춰진 곳을 피하라. 처음부터 시작해야 하는 황무지를 택하라.
5. 앞다투어 모여드는 곳에는 절대 가지 마라. 아무도 가지 않은 곳으로 가라.
6. 장래성이 없다고 생각되는 곳으로 가라.
7. 사회적 존경을 기대할 수 없는 곳으로 가라.
8. 한가운데가 아니라 가장자리로 가라.
9. 부모나 아내나 약혼자가 결사반대하는 곳이면 틀림없다. 의심하지 말고 가라.
10. 왕관이 아니라 단두대가 기다리고 있는 곳으로 가라.

교육과학기술부의 조사에 의하면 우리나라 고등학생이 가장 선호하는 직업은 교사이고, 학부모가 가장 선호하는 직업은 공무원이다. 교사와 공무원을 선호한다는 의미는 사회가 불안한 만큼 안정적인 직장을 추구한다는 뜻이다. 하지만 안정된 길은 이미 앞다투어 누군가 준비하는 곳이다.

거창 고등학교의 '직업 십계명'은 안전하고 넓은 길을 추구하는 젊은이에게 도전 정신을 고취하고 꿈을 심어주려는 의도가 있으리라. 젊은 청춘은 자신이 좋아하고 잘하고 나를 필요로 하는 '블루오션'의 바다에 뛰어들어야 한다는 것이다. 특히 앞다투어 모여드는 군중 속에 가지 말라는 것은 평범하게 살지 말라는 것이며, 아무도 가지 않은 곳으로 가라는 말은 너만의 특별함을 추구하라는 말이리라.

너만의 특별함을 추구하라

거창고 십계명은 '백 명의 사람이 있으면 백 개의 의견이 있다'는 속담처럼 자신이 가지고 있는 프레임에 따라 해석이 다를 것이다. 분명한 것은 이 세상에 정답은 없다는 것이다. 어떤 경우에도 정확하게 들어맞는 황금률은 존재하지 않는다. 모두 저마다 생각이 다를 뿐이다. 그럼에도 자신만의 특별함을 추구하려면 자신을 단단하게 세우는 홀로서기의 시간이 반드시 필요하다.

혼자 있는 시간이 무료해서 친구를 불러내거나 스마트폰 게임으로 소일거리를 찾는 것은 평범하게 살라는 '파충류의 뇌'의 목소리에 귀 기울이는 것이다. '파충류의 뇌'는 '뇌 안의 뇌간'이라고 하는데 본능을 관장하는 뇌이다. 우리는 매일 하던 일을 하고, 하던 생각을 하는 습관에서 이제 마음의 소리를 듣는 혼자만의 시간이 필요하다.

'나는 무엇을 하고 싶은 것일까?'

이 근원적인 생각은 왁자지껄한 곳에서는 나올 수 없다. '정말 중요한 질문은 자기 자신에게 하는 질문이다'라는 명언처럼 내가 누구이며, 진정 하고 싶은 일과 꼭 이루어 내고 싶은 나만의 꿈이 무엇인지에 대한 성찰이 필요하다.

토머스 프리드먼은 《세계는 평평하다》에서 세계의 경계가 사라지며 평평해짐을 알렸다. 점점 더 많은 일자리가 아웃소싱이 되어 가는 세계화 3.0 시대에 개인은 이전과 다른 삶의 방식을 추구하고, 생각을 달리 해야 한다고 조언한다.

성공의 교두보를 선점하라

《공부가 가장 쉬웠어요》로 서점을 강타한 작가이자 변호사인 장승수에게도 불행했던 시절이 있었다. 그는 가난한 가정 형편에 대학 진학을 포기하고 고등학교 때 포클레인 기술을 배웠으나 면허 시험에서 떨어지자 각종 아르바이트를 하며 매일 밤 친구들과 어울려 술을 마시거나 오토바이를 타고 어울려 다녔다. 그러던 어느 날 혼자 있을 때 문득 이런 생각이 들었다.

'지금 이대로 산다면 5년 후, 10년 후 내 미래는 어떨까?'

그의 고민은 새로운 인생을 디자인하기에 이르렀다. 고등학교 졸업 1년 만에 대입 시험에 몰입하여 재수한 끝에 서울대를 수석 합격해 사법연수원을 거쳐 변호사로서 성공한 인생을 살고 있다.

주변에 재밋거리가 많은 청춘에 오히려 혼자 있는 시간을 확보해야 한다. 그 시간에 치열하게 꿈을 찾고 숙성시켜 성공의 교두보를 선점해야 한다. 그러면 서른 이후부터 주변에 사람이 모이기 시작해 점점 많아진다. 젊은 시절에 힘들어도 외로워도 혼자 가라. 종착점에는 사람이 많이 있다.

스펙보다 스토리가
강하다

한마디로 삶의 정의를 내려야 한다면 '삶은 창조'라고 말할 것이다.
클로드 베르나르

스펙보다 스토리

요즘은 4년제 대학을 4년 만에 졸업하는 학생이 거의 없다고 한다. 유학, 자격증 취득, 토익, 봉사활동 등의 이른 바 스펙을 쌓느라 휴학을 하는 학생이 많은 탓이다.

SBS 여론조사 결과 20대의 86퍼센트가 '대학 때 스펙을 관리하지 않으면 취업할 수 없다'고 생각하는 것으로 나타났다. 스펙 관리를 위해 해외에 어학연수를 다녀와야 한다는 의견도 52.4퍼센트로 절반이 넘는 수치이다.

나의 큰딸도 동아리 활동 준비로 1년, 호주 워킹 홀리데이로 1년, 총 대학 졸업까지 6년이 걸렸다. 누구나 할 것 없이 스펙이 취업에 결정적인 영향을 미칠 거라는 판단에 스펙 쌓기 열풍이라고 해도 과언이 아닌 듯하다. 딸은 스펙이 어느 정도 작용했는지는 모르지만 수월하게 취업한 것은 사실이다.

점차 시대의 변화에 따라 기업이 원하는 인재상도 변하고 있다. 고용노동부와 한국산업인력공단은 스펙은 부족하지만 열정과 잠재력이 있는 청년을 선발해 집중적으로 멘토링을 통해 취업을 연결해주는 '스펙 초월 멘토 스쿨'을 시작했다. 화려한 스펙으로 입사한 인재가 조직에 적응하지 못하고 입사한 직후 퇴사한다는 뉴스가 심심찮게 오르내리고 있는 것과 무관하지 않으리라.

기업들 사이에서 이른바 '스펙 무용론'이 퍼지고 있다. 실제로 국내 기업의 인사 담당자 307명을 대상으로 한 설문 결과, 응답자의 88.2퍼센트가 "스펙만으로는 실무 능력을 파악하기는 힘들다"고 답했다. SK그룹의 채용 총괄 담당자는 "중요한 것은 스펙 자체가 아니라, 기업의 특정 직무에 도움이 되는 역량"이라고 말했다.

자신만의 스토리로 승부하라

김정태는 《스토리가 스펙을 이긴다》에서 'The best가 아니라 The only로 승부하라'고 권고한다. 방향성 없는 스펙 쌓기가 아니라, 자신을 차별화하는 스토리를 만들어야 한다는 것이다. 그의 이야기를 들어보자.

스펙은 나를 우월하게 만들어 줄지는 모르지만, 스토리는 나를 돋보이게 한다. 스펙은 쉽게 잊히지만 스토리는 기억된다. 스토리는 상대를 포섭한다. 스펙에게 실패는 감추고만 싶은 기억이지만 스토리에게 실패는 자랑하고픈 경험이다.

스토리는 기회를 부르고 마침내 스토리가 스펙을 이긴다. 스토리가 있다는 것은 자신의 업을 안다는 뜻이며, 그 업에 방향을 맞추어 관련된 역량과 경험을 쌓아왔다는 것을 의미한다. 스토리가 없는 스펙 쌓기는 방향성 없는 몸값 부풀리기일 뿐이다. 어떤 일이든 어떤 자리든 괜찮으니 취직하고 싶다는 지원자에게 관심을 기울일 채용담당자는 없다.

"스펙에게 실패는 감추고만 싶은 기억이지만 스토리에게 실패는 자랑하고픈 경험이다"라는 문장이 매우 인상적이다. 스토리는 실패에 대한 부정적인 생각을 긍정적으로 바꿀 수 있는 힘이 있기에 스펙보다 강하다고 할 수 있다. 몇 줄의 이력보다 가능성과 역량을 보는 기업의 관점에서 본다면 실패는 경험 그 이상도 이하도 아니기 때문이다. 즉 실패는 나만의 도전이며 경험이기에 최고의 이야깃거리가 될 수 있다.

2004년 아테네 올림픽 은메달, 2008년 베이징 올림픽 금메달을 따며 한국 역도의 새 역사를 기록한 장미란 선수를 보자. 2012년 런던 올림픽, 아르메니아의 쿠르슈다와 장미란이 동메달을 다투는 경기에 온 국민의 시선이 쏠렸다. 아쉽게 금메달 도전에 실패한 장미란이 이번에는 꼭 동메달을 거머쥐기를 간절히 원했다. 하지만 장미란은 쿠르슈다의 합계 기록 294킬로그램을 넘으려고 170킬로그램을 신청하여 거의 성공 직전에 힘이 부쳐 바벨을 땅에 놓고 말았다.

아쉬움의 눈물을 흘리는 그를 향해 국민들은 우렁찬 박수를 보냈다. 손이 부르트도록 노력과 최선을 다한 그의 투혼

에 열광한 것이다. 메달이라는 성과보다 보이지 않는 열정
에 사람들은 감동했다.

장미란의 실패는 스펙으로 치면 패배라고 할 수 있지만 스
토리로 보면 그의 역도 인생에 아름다운 한 페이지를 수놓
는 소중한 경험일 것이다.

스토리는 강하다

내가 초등학교를 졸업하던 날은 매우 추웠다. 지금도 교정
에 있던 동상 앞에서 선생님과 찍은 흑백사진이 남아 있다.
선생님은 아끼던 제자였던 내가 어려운 가정 형편상 중학교
에 입학하지 못하는 것을 매우 안타깝게 여겼다. 사진이 흔
하지 않은 시대에 한 컷을 같이 찍자고 했다.

초등학교를 졸업하고 1년간 이모네서 지내며 일을 도왔다.
이모네는 서점을 했는데 나는 낮에는 서점 일과 집안일을
돕고 저녁에는 야간학교에 다녔다. 배움에 목말랐기에 야간
학교에서 영어와 뜨개질을 배우는 데 재미를 붙였다. 그해
말쯤, 중학교에 갈 수 있게 되어 들떠 있던 중에 아버지로
부터 편지가 왔다. 이미 학교 배정 원서를 접수하는 기간이

끝났다는 것이다. 어린 나이에 부모를 떠나 식모와 다름없던 생활을 하며 '내년에는 꼭 중학교에 갈 수 있다'는 희망으로 버텼는데 그 편지는 나를 절망하게 했다. 나는 아버지에게 전화를 걸어 6학년 때 담임선생님을 찾아가 부탁해 달라고 간곡히 이야기했다. 우여곡절 끝에 이듬해 다행히 중학교에 입학할 수 있었다.

이모의 외동딸은 나와 같은 나이였다. 나는 부엌에서 설거지를 하고, 이종사촌의 교복을 다리고, 운동화를 빨아주면서 소리 없이 눈물을 많이 흘렸다.

서점 일은 그나마 나았다. 처음 서점에 들어갔을 때는 가득 쌓인 헌책과 사방에 꽂힌 책들을 보고 충격을 받았다. 이따금 책을 꺼내 보며 소일하는 호사도 누린 것이 지금의 나를 만들지 않았을까 생각해 본다. 그때의 1년은 나의 평생에 귀중한 시금석이 되었음을 부인할 수 없다.

굳이 스토리라고 할 수 없는 숨기고 싶은 이야기를 꺼낸 이유가 있다. B. 슈데르나우는 "진실로 가난하다 함은 정신도 돈도 가지고 있지 못한 인간을 말한다"고 했다.

예전의 나에게 '가난'은 지독한 콤플렉스요, 부끄러움 그 이상도 이하도 아니었다. 그럼에도 불구하고 나는 배움에 목말라했고, 교사가 되어야겠다는 소망이 꿈틀거렸다. 나의 마음 깊은 곳에서 끓어넘치는 열정과 소망은 단지 '얼마'라는 소유 개념을 충분히 넘고도 남았다. B. 슈데르나우의 말에 비추어 보면 나는 결코 가난한 것이 아니었다.

해외 유학·자격증·토익·봉사활동 등의 스펙이 아니더라도 실패나 절망의 상황을 어떻게 극복하느냐 하는 마음가짐, 숨어 있는 역량과 잠재력을 이끌어낼 수 있는 능력이 있다면 강력한 스토리를 가진 셈이다.

사회는 더 이상 화려한 스펙을 요구하지 않는다. 김정태가 '최고가 아니라 유일함으로 승부하라'고 강조하듯이 내가 살아온 삶에서 열정을 잃지 않고 도전한다면 힘이 센 스토리를 가질 수 있을 것이다. 이제 이력서 밖으로 나와서 자신만의 최고 스토리를 만들어 가라.

'찰칵' 꿈을 찍는 순간
현실이 된다

나는 가슴이 이끄는 대로 살고, 새로운 것에 도전하며, 상상한 것을 실현한다.
리처드 브랜슨

생생하게 꿈을 꾸면 이루어진다

어릴 적 설날이나 추석을 앞두면 한 달 전부터 두근거리는 설렘으로 명절을 기다렸다. 매일 입던 낡은 옷을 벗고 설빔이나 새 옷을 기대한 것이다. 또, 소풍 가기 전날에는 너무 들뜬 나머지 밤을 꼬박 새운 적도 있었다. 엄마가 싸준 맛있는 도시락을 먹을 수 있기 때문이었다.

 입을 것, 먹을 것을 생각하며 두근거렸던 아이의 마음으로 생생하게 꿈을 꾸며 그 꿈이 이루어질 것을 믿으면 반드시 이루어진다. 일본 조치 대학의 명예교수인 오시마 준이치는

200

저서 《커피 한 잔의 명상으로 10억을 번 사람들》에서 창조력은 마음속에 있다고 말한다.

볍씨는 아무리 분석해도 탄수화물 및 기타의 화학 성분일 뿐이다. 하지만 볍씨를 논에 뿌리면 싹이 트고 꽃이 피어 다시 벼가 된다. 흙이 신비로운 작용을 일으켜 볍씨를 일으켜 성장시킨다. 당신이 어떤 생각을 하고 있다고 하자. 그 '생각'은 곧 종자이다. 그리고 시각화를 분명한 형태로 잠재의식에 넘기는 것, 그것이 바로 파종이다.

오시마 준이치가 말한 잠재의식은 〈교육학 용어 사전〉에 의하면 "뇌의 해마나 편도체 같은 기억이나 감정의 부분으로 평소에는 아무렇지 않다가 특정 자극을 받으면 그 정보가 의식의 영역까지 떠오르는 것"을 말한다. 따라서 마음속에 '찰칵' 사진을 찍어 분명한 시각화를 해야 한다. 시각화로 그려진 생각은 잠재의식에 터를 잡게 되고 계속 기대하던 방향으로 자라게 된다. '안 된다'는 부정적인 잡초가 자라날 때 '싹둑' 잘라내는 작업도 함께 해야 한다.

꿈이 이루어질 것을 생생하게 꿈꾸고 이룬 사람들이 있다.

농구선수 마이클 조던은 프로선수의 꿈이 실현될 것을 믿고 매일 200개의 슛 연습을 했고 세계적인 선수가 되었다.

반기문 UN 사무총장은 고등학교 때 미국 적십자와 적십자 연맹이 주관한 행사에 참석할 수 있었고 그때 케네디 대통령과 악수하며 장차 외교관의 꿈을 생생하게 꾸며 달려갔기에 지금의 자리에 오를 수 있었다.

고고학자 슈리먼은 어린 시절에 아버지에게서 그리스 신화 '트로이 목마'에 관한 이야기를 들으며 '트로이 유적을 발견하고 말겠다'고 다짐했다. 당시 대부분의 사람들은 '트로이'를 전설 속 고대 도시라고 생각했다. 슈리먼은 결국 트로이의 모델이 되었던 도시를 실제로 발견했다.

마음속에 설빔을 기다리는 어린아이처럼 가슴 두근거리며 꿈을 꾼다는 것은 그 사람의 일생을 좌우할 수도 있는 일이다. 꿈은 막연하게 상상만 하는 것으로 그친다면 허옇게 타다 만 모기향과 같다. 간절함이 생기다 말고 사라진다.

삭티 거웨인은 《창조적 비전》에서 "창조적 비전은 우리가 삶에서 원하는 것을 창조하도록 도와주는 상상력"이라고 말했다. 성공한 사람은 삶에서 원하는 것을 머릿속에서 상상하고 하나씩 성취한다. 더 중요한 것은 상상한 것을 형상화하고 이를 그림이든 글이든 직접 눈으로 볼 수 있게 시각화하여 그 꿈을 간절히 원한다면 꿈이 향하는 방향으로 한 걸음씩 내딛게 된다는 것이다.

꿈을 시각화하고 한 걸음씩 내딛어라

40세에 이혼 후 단돈 3만 원밖에 없던 빈털터리에서 지금은 핑크 벤츠를 타는 메리케이 코스메틱의 내셔널 세일즈 디렉터가 있다. 그의 저서 《오늘도 나에게 박수를 보낸다》는 마치 한 편의 드라마를 보는 것 같다.

그는 죽음을 생각할 정도로 비참한 생활을 하던 어느 날, 전문 기술 하나 없고 평범하기 이를 데 없는 자신 안에 숨어 있는 것들에 눈을 돌렸다. 그는 어릴 적 미술에 재능을 보였고, 색감이 뛰어나다는 소리를 듣곤 했다.

우여곡절 끝에 그는 전 세계에서 백만장자 여성을 가장 많이 배출한다는 메리케리에서 활동하게 되었고 수억대 연봉을 받는 위치에 올랐다. 물론 말할 수 없이 힘들 때도 잦았

다. 그럴 때마다 그는 자신의 꿈을 생생하게 상상하면서 버
텨냈다. 넘어지고 좌절할 때마다 그를 다시 일으켜 준 것은
꿈이었다. 그는 꿈을 시각화하여 앞으로 나아갔다. 그는 책
에서 이렇게 고백했다.

나는 틈만 나면 모델 하우스를 구경하러 다녔다. 모델 하
우스는 늘 최상의 인테리어와 최신형 가구들로 스타일리
시하게 채워진다. 나는 마치 당장에라도 집을 살 것처럼
이것저것 살피며 당당하게 집을 구경했다. '그래, 나도
이 평수의 집을 사면 이런 가죽 소파 하나 놓자. 맞아, 그
냥 가죽 소파만 놓는 것보다는 이렇게 앤티크 의자를 같
이 매치해 놓으면 좋겠네.' 나는 모델 하우스가 꿈을 시
각화해서 보여주는 것으로 생각했다. 꿈을 시각화하면
힘겨운 과정들은 고생이 아니라 그저 에피소드가 된다.
일에 지쳐 힘이 들 때도, 고객들의 거친 반응에 맘이 상
할 때도 나는 모델 하우스를 찾아가 마음을 달래곤 했다.
꿈을 시각화하는 과정을 통해서 나는 성공의 로드맵을
그릴 수 있었고, 꿈처럼 이를 현실로 이룰 수 있었다.

그녀는 '시각화'를 통해 3년 만에 11평 아파트에서 70평으로 옮기는 기적을 만들어 냈다. '시각화'는 그녀의 열정을 가속화했고 자신감을 불러일으켰다.

작가이자 경영자인 콜리 크리처 또한 《일렉트릭 리빙》에서 시각화의 중요성을 역설했다. 그는 종이에 목표를 적어 봄으로써 처음으로 그 목표를 자신의 것으로 관찰했다고 말한다. 어떤 대상을 관찰하고 그것을 의식하지 않는 한 그것을 창조할 수 없으며, 이전에 가져 보지 못한 것을 가지려면 상상 속에서 그것을 의식하는 방법을 찾아야 한다고 말한다. 심지어 그것을 물리적으로 소유하기 전까지는 무슨 수를 쓰더라도 계속 그것에 의식을 두어야 한다고 강조한다.

콜리 크리처가 말한 '의식하는 방법' 중의 하나가 시각화라고 본다. 시각화를 통해 목표를 정확히 볼 수 있다. 시각화를 통해 의식하지 않으면 우리는 꿈을 망각하기 쉽다.

정말 꿈을 이루고 싶은가? '찰칵' 꿈을 찍고 생생하게 시각화하라. 그러면 반드시 현실이 되리라.

청춘 노릇 하지 말고
청춘다운 노릇 하라

청춘의 가슴에 꿈이 담기면 삶이 달라진다. 안준희 《지겹지 않니? 청춘 노릇》

꿈이 청춘을 이끈다

사람들에게 배를 만들게 하고 싶거든 그들에게 목재나
일감을 가져다주는 대신 넓고 끝없는 바다에 대한 동경
심을 갖게 하라.

《어린 왕자》를 쓴 프랑스 작가 생텍쥐페리의 말이다. 88만
원 세대, 삼포 세대 등 요즘 암울한 청춘을 빗대어 놓은 정
의가 심심찮게 텔레비전 뉴스와 신문에 나부끼고 있다. 88

만 원 세대는 경제학자 우석훈과 비주류를 자칭하는 기자 출신 블로거 박권일이 함께 쓴 책 《88만 원 세대》에서 시작된 말이다. 고용 불안에 시달리는 2007년 전후 한국의 20대를 지칭하는 이 말은 비정규직의 평균 급여 119만 원에 20대 평균 급여에 해당하는 73퍼센트를 곱한 금액이다. 삼포 세대란 치솟는 물가, 경제난, 취업난으로 연애·결혼·출산 세 가지를 포기한 세대를 말한다.

최근엔 캥거루족과 연어족이란 말도 등장하고 있다. 캥거루족이란 학교를 졸업해 자립할 나이가 되었는데도 취직을 하지 않거나, 취직해도 독립적으로 생활하지 않고 부모에게 경제적으로 의존하는 20~30대의 젊은이들을 일컫는 용어이다. 이에 비해 연어족은 부모에게서 독립했다가 경기불황 등으로 인한 생활고로 다시 집으로 복귀하는 젊은 직장인들을 이르는 말이다.

당나라 시대 이하는 스무 살에 인생의 길이 막혀 술에 의지한 친구 진상에게 '진상에게 드림'이라는 시를 썼다. 일부를 살펴보자.

장안에 한 젊은이가 있어

나이 스물에 마음은 벌써 늙어버렸네

능가경은 책상머리에 쌓아 두고

초사도 손에서 놓지 못하네

곤궁하고 못난 인생

해 질 녘이면 애오라지 술잔만 기울이네

지금 길이 이미 막혔는데

백발까지 기다려본들 무엇하리

쓸쓸하구나, 진상이여

꿈이 없어 '마음이 늙은' 젊디젊은 스무 살 친구를 위로한 시는 쓸쓸함을 지울 수 없다. 영국의 극작가 조지 버나드 쇼의 "청춘은 청춘에게 주기엔 너무 아깝다"는 말처럼 젊음 자체만으로 눈부신 청춘이 빛을 잃어버린 것 같다. 지금 코앞에 배가 없더라도 바다에 대한 동경심만 있다면 할 일 없이 술잔만 기울이는 법은 없지 않겠는가. 바다에 대한 열망이 배를 만들고 싶다는 마음을 일으켜 세우리라. 당장 목재나 일감이 없더라도 그 꿈이 청춘을 이끌리라.

청춘다운 노릇 하라

"너무 어리다고 핑계 대지 않나요?"

청춘에게 청춘다운 노릇 하라고 충고한 의젓한 젊은이가 있다. 《지겹지 않니, 청춘 노릇》을 쓴 한국의 구글, 핸드스튜디오 안준희 대표이사다. 그는 "청춘의 가슴에 꿈이 담기면 삶은 달라집니다"라고 포문을 열며 꿈이 있다면 세상을 바꿀 수 있다고 말한다.

한국 최초로 굿컴퍼니(선한 회사)의 필요성을 주제로 대규모 콘퍼런스가 열렸을 때 대기업 포스코와 함께 안준희의 핸드스튜디오가 학술 강의 및 사례 발표를 한 적이 있다. 회장에 모인 사람들은 처음에는 그들을 보며 '너희는 비주류야' 라는 시선을 보냈지만, 사례 발표가 끝난 후 많은 사람이 이 작은 벤처기업에 주목하고 진심으로 박수를 보냈다.

핸드스튜디오 직원의 평균 연령은 28세라고 한다. 이 회사는 휴가나 월차를 쓰지 않아도 직원들은 언제든지 개인 업무를 볼 수 있다. 한 달에 하루는 전 직원이 함께 영화를 보기도 하고, 한강에서 자전거를 타기도 한다. 직원이 결혼하면 1,000만 원의 축의금을 선물한다.

그뿐만이 아니다. 핸드스튜디오의 정직원이 되면 형편이 어려운 국내 아동 한 명을 후원하겠다는 약속을 해야 한다. 또한, 송년회에는 직원의 부모님을 서울의 가장 좋은 호텔에 모시고 1박 2일 동안 공식적으로 효도하는 시간을 가진다.

모든 직원은 학력이나 경력으로 차별받거나 평가되지 않고 오로지 실력과 노력으로 정당하게 평가받고 공평한 기회를 얻는다.

한준희 이사는 기성세대의 위로와 다독임이 필요한 힘없는 젊은이를 거부하고, '청춘다움'을 실천하며 세상을 바꾸는 힘이 진정 '청춘다움'이라고 힘주어 강조한다.

청춘의 가슴으로부터 세상은 바뀐다

또 한 명의 젊은이가 있다. 세상과 세상을 연결하는 최고의 커뮤니케이터 엠트리 최영환 대표이다. 그의 대학 시절의 꿈은 커뮤니케이션을 통해 세상을 바꾸겠다는 것이었다.

그는 비무장지대에서의 군 복무 중에 상상 속 대학교를 만들었다. 최고의 교수진을 구성하기 위해 《긍정의 힘》을 쓴 조엘 오스틴, 세계적인 스피치 트레이너인 TJ 워커, 인천국제공항을 세계의 공항으로 만든 이채욱 회장 등 국내외 유명 인사에게 편지를 썼다. 편지지가 없어 우유갑을 깨끗이 말려 정성스럽게 진심을 눌러 꼭꼭 썼다.

"저는 세상에서 가장 커뮤니케이션이 단절된 곳에서 군 복무하고 있는 한 청년입니다. 모든 청춘의 가슴을 뜨겁게 만들고자 하는 목표를 가지고 있는 이 대학의 교수로 귀하를 초빙합니다. 허락해 주십시오."

남들은 미쳤다고 했지만 결과는 예상과 달랐다. 그는 수많은 명사로부터 답장을 받았고 제대 후 두 달간 전 세계를 돌며 그들을 인터뷰했다. 그때의 이야기가 《우유갑 대학을 빌려드립니다》에 담겨 있다.

그는 세계를 다니며 세상에 물들지 않은 꿈꾸는 젊은이들이 많다는 것을 깨달았다. 그는 자신처럼 세상을 바꾸겠다는 꿈을 가진 청춘들의 소통의 장인 비영리단체 '엠트리M-tree'를 뉴욕 한가운데에 설립했다. 그리고 뜻을 함께 할 미술가와 디자이너를 만나 이야기했다.

“우리 아프리카로 갑시다. 그곳에서 아이들에게 그림을
가르쳐 줍시다.”

‘희망의 그림 그리기Brush with hope’에 모인 청춘들은 배낭 가
득 물감을 넣고 아프리카로 향했다. 얼마 지나지 않아, 열
악한 환경에서 자신을 표현할 줄 몰랐던 아프리카 아이들
이 그림에 감정을 넣고 꿈을 담기 시작했다.

그들은 아이들의 그림을 뉴욕으로 가져와 전시회를 열었
다. 부의 상징인 뉴욕과 빈곤의 상징인 아프리카를 그림으
로 소통케 하는 진정한 커뮤니케이션이 이루어졌다.

자신만의 이익과 성공을 추구하는 기성세대의 가치관에
도전하고, 현실을 탓하며 세상에 안주하고 있는 청춘에게
진정한 꿈이 무엇인지 몸으로 말하고 있는 두 젊은이의 이
야기가 가슴 뭉클하다.

청춘은 계절로 말하면 파릇한 봄이다. 온 세상에 푸른색을
입히는 꿈의 전령사이다. 하버드 총장을 지냈던 네이션 퓨
지는 청춘을 이끌어야 할 요소를 다섯 가지로 정의했다.

첫째, 흔들 수 있는 깃발

둘째, 변하지 않는 신념

셋째, 따를 수 있는 지도자

넷째, 평생을 함께 할 친구

다섯째, 함께 부를 수 있는 노래

이 다섯 가지 가치 중 안준희의 '변하지 않는 신념'은 "열심히 일한 사람이 대접받는 사회"라고 한다. 이는 그가 지하철에서 만난 적선을 하던 장애인과의 약속이기도 하다.

그는 CBS 〈세상을 바꾸는 시간, 15분〉 특집 강연회에서 청춘들에게 뜨거운 가슴을 전했다.

청년 여러분, 지식인이 지적인 자살을 감행하지 않고도 경험할 수 있는, 그런 세상을 바꿀 수 있는 기적이 있습니다. 그것은 기성세대의 위로나 격려의 메시지로 오늘을 겨우 연명해 가는 청년들의 가슴속에 있는 것이 아니라 시대가 변해도 환경이 변해도 미래가 어떻게 되더라도 영원히 변하지 않는 나만의 이상과 신념을 품은 그 뜨거운 청춘의 가슴으로부터 세상은 바뀌는 것입니다.

생각대로 살지 않으면
사는 대로 생각하게 된다

인생의 정답을 찾지 마라. 정답을 만들어가라. 박웅현 《여덟 단어》

생각대로 사는 삶

고사성어 중에 '절차탁마切磋琢磨'라는 말이 있다. 절차탁마
란 옥을 자르고 줄로 쓸고 끌로 쪼며 숫돌에 간다는 뜻으로
학문이나 기술을 끊임없이 익히고 쉬지 않고 노력한다는 의
미이다. 로마가 하루아침에 이루어지지 않듯이 천재는 하루
아침에 이루어지지 않는다. '절차탁마' 후에 좋은 옥이 탄
생하는 것과 같은 이치다.

아이를 키울 때 가끔 듣는 소리가 있다.

"난 왜 머리가 안 좋아? 천재로 태어났으면 좋았을걸."

나 또한 많이 생각해 본 말이다. 사실 누구나 한번쯤은 꿈꿔 왔을 것이다. 시험 기간에 잘 외워지지 않고 외워도 이튿날 잊어버릴 때 '머릿속에 쏙 한 번에 외우고 잊지 않는 천재라면 얼마나 좋을까'라고 말이다.

어렸을 때는 둔재에 가까웠던 천재도 있다. 학습 지진아였던 에디슨, 주의력결핍장애를 가졌던 펠프스, 또래보다 말이 서툴고 지적 능력이 떨어졌던 아인슈타인, 학교 가기를 싫어하고 자주 결석했던 스필버그 등. 이들은 '절차탁마'의 노력이 있었기에 천재가 되었다.

스필버그는 작고 왜소하여 친구들과 잘 어울리지 못하고 왕따를 당하기도 했다. 소심하고 공부도 잘하지 못하는 아이였다. 학교를 자주 결석하고 아버지가 사준 카메라로 영화 찍기를 좋아했다. "나는 세계적인 영화감독이 될 거야"라며 어디서나 카메라를 가지고 다녔지만 당시에는 아무도 스필버그가 유명한 영화감독이 되리라고 예상하지 못했다.

세계적인 천재 화가 피카소는 어릴 때 알파벳 순서조차 기억 못하는 저능아였으며 청소년 시기까지 글을 읽지 못했다. 그림은 일기를 쓰는 하나의 수단이었다고 한다.

에디슨은 "선생님은 나보고 머리가 비었다고 했다. 나는 정말 내가 저능아인 줄 알았다"고 말했다. 어릴 때 엉뚱하고 유별난 일을 벌인 그는 자신이 근무하는 기차 안에서조차 실험을 할 정도로 새로운 것을 발명하는 데 몰두했다.

가수 비는 10대 시절 백댄서였다. 그의 어머니는 투병 중에 인슐린을 살 돈이 없어 제대로 된 치료를 받지 못했다. 그는 5일 동안 굶기도 하고, 가난해서 보리차를 사지 못해 맹물을 마셨는데 그 물에 바퀴벌레 알이 있었다고 한다.

그는 "배고프지 않기 위해, 훌륭한 가수가 되겠다는 어머니와의 약속을 지키기 위해"라고 열심히 했다고 말한다. 연기로 영역을 넓힌 뒤에도 대사 한 줄이라도 수백 번씩 연습하는 노력가로 유명하다.

신동이라고 불린 모차르트는 6세 때 작곡을 시작했다고 알려져 있지만, 심리학자 마이클 호위는 《천재를 말하다》에서 모차르트가 어린 시절에 작곡한 협주곡은 다른 작곡가들의 작품을 재배열한 것에 지나지 않는다고 말한다. 현재 걸작으로 평가받는 모차르트의 협주곡 9번은 21세 때부터 10년이 지난 시점에 만들어졌다는 것이다.

아인슈타인은 천재적인 물리학자로 유명하지만 4세 때까지만 해도 자신을 '지능이 낮은 아이'라고 믿었다. 말이 늦고 다른 아이에게 방해가 되니 학교에 오지 말라는 소리를 들을 정도였다. 하지만 그는 15세에 이미 유클리드, 뉴턴, 스피노자의 작품을 독파할 정도로 강한 지식욕을 가졌다. 또한 끝없는 노력과 열정이 천재성을 빛나게 했다.

이처럼 한 분야에서 탁월한 성과를 내는 천재들의 두뇌가 결코 뛰어난 지능을 가진 것이 아니라는 증거가 있다. 상대성 원리로 노벨상을 받은 천재 물리학자 아인슈타인의 뇌가 어떻게 생겼는지 과학자들에 의해 연구한 것이 밝혀졌다. 아인슈타인의 뇌 무게는 1,230그램으로 보통 사람들보다 오히려 10퍼센트 작았다. 단지 수학과 공간적 사로를 관장하는 부분만 다른 사람들보다 15퍼센트 정도 컸지만 특이한 것은 아니다. 많이 쓰는 부위가 커지는 것은 당연하다. 다만 올 2013년 10월 과학 전문지 〈뇌 과학〉에서 아인슈타인의 뇌가 좌뇌와 우뇌가 잘 연결되어 있다는 새로운 사실이 밝혀져 그의 뇌에 대한 연구는 계속될 것 같다.

17년 동안 바보로 살았던 국제멘사협회 회장의 실화인 호아 킴 데 포사다의 저서 《바보 빅터》는 시사하는 바가 크다.

빅터는 학교 컴퓨터실에서 '켜라On'를 '열어라Open'로 잘못 알아듣고 케이스를 뜯으려 했다.

"멍청한 놈! 바보에게는 공부가 필요 없어!"

로널드 선생의 '바보'라는 별명이 되어 빅터는 17년 동안 바보로 살았다. 매사에 자신이 없고 주눅이 들었다.

빅터는 우연히 광고판에 본 수학 문제를 푼 것을 계기로 회사에 입사하여 두각을 나타내기 시작했다. 그는 국제멘 사협회 회장 취임사에서 이렇게 말했다.

17년 동안 IQ는 제게 아무런 도움을 주지 못했습니다. 아 무리 뛰어난 재능을 지닌 사람도 자신을 과소평가하면 재능을 펼치지 못합니다. 자신이 말굽밖에 될 수 없다고 생각하면 말굽밖에 되지 못하고, 바보라고 생각하면 진 짜 바보가 되는 것입니다. 콘래드 힐튼은 이렇게 말했습 니다. '남의 재능을 부러워하지 말고 자기가 가진 재능을 발견하라. 당신의 가치는 당신 자신이 만드는 틀에 의해 결정된다' 우리는 숫자로 가늠할 수 없는 능력을 가지고 있습니다. 스스로를 위대한 존재라고 생각하십시오. 그러면 행동도 위대하게 변할 것입니다.

다음은 《바보 빅터》에 나오는 로라가 쓴 글의 일부이다.

산에 오르는 한 남자가 있었다. 태양은 뜨거웠고 남자의 이마에는 송골송골 땀이 맺혔다. 남자는 극심한 갈증에 시달리다 개울로 달려가 벌컥벌컥 물을 들이켰다. 천만금을 주어도 아깝지 않을 만큼 물은 꿀맛이었다. 목마름이 사라지자 남자는 만족한 얼굴로 고개를 들었다. 하지만 곧 그의 얼굴은 고통으로 일그러졌다. 개울가에 세워진 표지판에 Poison이라고 쓰여 진 것이다. 남자는 갑자기 몸이 뜨거워지며 현기증이 나고 구토가 나왔다. 급기야 쓰려져 정신을 잃고 말았다. 병원 응급실에 실려 오자 의사가 말했다.

"지난주에도 개울물을 마신 사람이 실려 왔죠. 그는 '낚

시Poisson'를 '독약Poison'으로 착각했거든요. 당신도 혹시 그 표지판을 봤나요?"

그러자 불덩이 같던 남자의 체온이 거짓말처럼 정상으로 돌아왔다.

이처럼 생각은 행동을 지배하고 그것이 그 사람의 운명을 좌우한다. '생각대로 살지 않으면 사는 대로 생각하게 된다'는 말처럼 '사는 대로 생각'하면 우물 안 개구리처럼 항상 제자리걸음만 하게 된다. 또한 자신이 하는 방식을 정당화하는 쉬운 습성을 고치지 못하고 자신의 틀에 갇힌 생각을 한다. 우리는 '자신의 생각대로' 삶을 바꾸기 위한 노력이 필요하다.

우리가 보내는 지금은 세상에서 가장 중요한 시간이다. 어제는 지나갔고 내일은 아직 오지 않았기 때문이다. 지금 이 순간 당신은 무슨 생각을 하고 있는가? 아무리 절망적인 상황에서도 생각을 바꾸면 그 생각이 당신의 행동도 당신의 운명도 바꿀 것이다.

누구를 위해서가 아니고
나를 위해서

중요한 것은 포기하지 않는 것이다. 더딘 것을 염려하지 말고, 멈출 것을 염려하라. **김난도 《아프니까 청춘이다》**

원하는 것만 얻을 수 있다

어느 날 한 제자가 스승에게 지혜를 얻는 방법을 물었다. 그러자 스승은 아무런 대답도 없이 제자를 강으로 데려가 얼굴을 붙잡고는 강물 속으로 집어넣었다. 제자는 죽을 것만 같아서 스승의 손에서 빠져나오려고 발버둥 쳤다.

그러나 스승은 두 손에 더욱 힘을 주며 빠져나오지 못하도록 했고 제자는 더욱 심하게 발버둥 쳤다.

마침내 스승은 손에 힘을 풀고 제자를 물속에서 건져주
며 물었다.

"네 얼굴이 물속에 있을 때, 네가 가장 간절히 원했던
것이 무엇이냐?"

제자는 창백해진 얼굴로 대답했다.

"숨을 쉬는 것이었습니다."

"그랬겠지, 지혜라는 것도 바로 그렇게 간절히 원해야
얻을 수 있다."

마크 피셔가 쓴 《백만장자처럼 생각하라》에서 인용한 이
우화는 삶은 진정 간절히 원하는 사람에게 주어진다는 의
미를 담고 있다.

나폴레온 힐도 "승리하려면 반드시 가져야 할 한 가지 자
질이 있다. 그것은 바로 목표에 대한 명확성과 원하는 바에
대한 이해, 그리고 원하는 것을 소유하려는 불타는 욕망이
다"라고 말했다. 현재의 위치에서 만족하고 안주한다면 그
대가 원하고 바라는 것을 얻을 수 없다.

얼마 전에 어릴 때부터 소설가를 꿈꾸던 동료 교사와 이야

기를 나누었다. 내가 기간제로 근무하는 학교에서 유일하게 나의 첫 책을 구매해 준 고마운 분이다. 아직 30대 초반인 그는 늘 독서를 하고 옆에 끼고 다닐 정도로 책을 좋아한다. 나는 그에게 '글쓰기'에 대한 책을 빌려 주기도 하고 아직 젊은 나이이니 포기하지 말고 도전하라고 격려하였다. 그런데 그의 말씀이 참 아쉬웠다.

"이 세상에 많은 작가가 있고 책이 수없이 나오는데 나까지 책을 쓸 필요가 있을까요?"

소설가가 되고 싶다는 '원하는 바'가 있지만, '나는 꼭 훌륭한 소설가가 될 거야'라는 명확한 목표가 그려지지 않았다. 또 '원하는 바'는 수채화의 전경이 되지 못하고 먼 희미한 배경으로 눌러앉아 그의 열정을 불태우지 못했다.

더구나 인생의 주인공인 '나'라는 주체를 세상의 '많은 사람'에게 돌려주는 것 같아 안타까웠다. 내 인생은 내가 꾸려가는 것이다. 나의 꿈도 내가 키워가는 것이다. 내 삶의 둥치를 든든히 세워 갈 때 수많은 잎과 가지가 달리고 뜨거운 햇볕에 목말라하는 풀과 대지에 그늘을 드리워주는 아름드리나무가 된다.

나를 위해 불태웠던 열정은 다른 사람이 기대어 쉴 수 있는 버팀목이 되어 주기도 한다. 내 안에 무한한 꿈의 바이러스가 퍼져나가 다른 사람의 삶에 이식하여 누군가의 위대한 인생의 초석과 발판이 되어 준다면 그보다 보람된 일이 있을까?

위대한 성공이란

교보문고의 신화를 창조한 신용호가 있다. 광화문점 입구에 쓰여 있는 글귀인 '사람은 책을 만들고 책은 사람을 만든다'는 독서 철학을 가진 그는 어렸을 때부터 책 읽기를 좋아했다. 배움의 욕망도 매우 컸지만, 몸이 약해 병치레가 잦아 초등학교 문턱도 넘지 못했다.

그는 이러한 불운을 '천일독서千日讀書'로 극복했다. 좋은 학력, 좋은 학교가 아니라 독서로 자신의 성공 기운을 일깨웠다. 17세 때부터 3년간 작심하고 교양서 등 책을 파고들어 그는 방대한 독서를 통하여 세상을 바라보는 눈을 떴다.

1917년 전남 영암의 독립운동가 집안에서 태어난 그는 일제에 쫓기느라 집안을 돌보지 못하는 아버지와 형들을 보며 힘없는 민족의 설움을 깨달았다. 청년이 되자 집안 어른인 신갑범, 시인 이육사 등 여러 애국지사와 교류하고 중국으로 건너가 사업을 하며 '교육이 민족의 미래'라는 신념을 갖게 되었다.

광화문 사거리에 위치한 교보빌딩 지하 1층에는 우리나라 대표 지식 문화 기업인 교보문고가 자리 잡고 있다. 연간 판매 도서가 5,000만 권에 달하며 연간 방문객은 4,000만 명이다. 인터넷 서점까지 포함하면 하루 평균 20만 명이 찾는 '국민 책방'이다.

금싸라기 땅에 수익성이 낮은 서점을 들이자고 했을 때 임직원은 모두 반대했다고 한다. 하지만 신용호는 "사통팔달 한국 제일의 길목에 갈 곳 몰라 방황하는 청소년을 위한 멍석을 깔아줍시다. 와서 사람과 만나고, 책과 만나고, 지혜와 만나고, 희망과 만나게 합시다. 이렇게 습득한 각양각색의 곰삭은 교양이 어떤 형태로든 나라를 위해 투자됐을 때 어찌 이 자리에 고급 상가를 들인 것에 비기겠습니까?"라며 자기 뜻을 굽히지 않고 관철했다. 상당한 손해를 감수하고 서점을 내는 것은 책과 사회에 대한 사명이 아니면 불가능한 일이었다.

교보문고는 시민에게 위안과 희망을 주는 아이콘으로 자리 잡은 고마운 꿈 터가 되었다. 빽빽한 빌딩만이 우후죽순으로 뻗어 있는 서울 한가운데에 교보문고와 같은 몸과 마음의 안식처가 없었다면 얼마나 삭막할까?

미래를 내다본 독서 철학을 가지고 국민 교육에 헌신함으로써 신용호는 위대한 성공을 이루었을 뿐 아니라 다른 사람의 삶까지도 그들이 원하는 성공의 길로 매진하도록 이끌고 있다.

꿈을 접고 있는 사람들, 꿈에 대한 열망이 식어가고 있는 사람들은 누에고치가 집을 짓듯 하루하루 무의미하고 지루한 삶을 사는 것이 아닌지 돌아보자. 나의 꿈을 이룬다는 것은 남의 꿈까지 지켜 주는 것이다.

꿈을 가지고 그 꿈을 점점 키워 가라. 그 꿈이 눈앞에 이루어질 때까지 목표를 세우고 한 걸음씩 나아가라. 점점 아름드리나무가 되어 나와 다른 사람의 꿈까지 리드하는 진정한 드림 워커가 되어라.

PART FIVE

단 하나의 꿈을 이끌고
담장을 넘어라

전설이
되고 싶다면

성공은 자연연소의 결과가 아니다. 먼저 자기 자신에게 불을 지펴야 한다.
레기 리치

먼저 생각부터 바꿔야 한다

이제까지 살아오면서 '성공'이라는 단어는 나와 상관없는 것이라고 믿었다. 어릴 때부터 경제적 결핍이 몸에 문신처럼 들러붙어서 하고 싶은 것, 먹고 싶은 것, 가지고 싶은 것에 대한 동경이 가득했다. 많이 가진 자를 부러워하면서 말이다.

성공학의 대가 데일 카네기는 "내가 만약 당신이 무엇을 생각하고 있는지를 알 수 있다면 당신이 어떤 인물인지 알 수 있다. 그 이유는 당신이 생각하는 것이 당신을 만들기 때문이다. 우리는 자기 생각을 바꿈으로써 인생을 바꿀 수가 있다”고 말했듯 내 생각은 의식주의 한계를 벗어나지 못했다.

《아웃라이어》의 저자 말콤 클래드웰은 만약 생각을 바꾸고 어떤 분야에서든 1만 시간을 투자하면 누구나 ‘아웃라이어’가 될 수 있다고 말했다. ‘아웃라이어’의 뜻을 사전에서 살펴보면 “본체에서 분리되거나 따로 분류되어 있는 물건 내지는 표본 중 다른 대상들과 확연히 구분되는 통계적 관측치”라고 정의되어 있다. 말하자면, 군계일학처럼 평범함을 뛰어넘은 인물이라고 할 수 있다.

1960년대에 전 세계에 선풍적인 인기를 끈 전설적인 록 그룹 비틀스의 성공 스토리를 보면 그들은 록 분야의 진정한 ‘아웃라이어’였음을 확신할 수 있다.

비틀스가 최고가 된 이유

존 레논, 폴 매카트니, 조지 해리슨, 링고 스타가 의기투합해 1960년에 영국 리버풀에서 결성된 비틀스는 영국에서 연달아 음반을 히트시키며 최고 인기 그룹으로 자리 잡은 뒤 미국에서도 선풍을 일으키며 '비틀스 매니아'를 양산했다. 한 해에 여러 곡을 빌보드 차트 정상에 올려놓을 만큼 그들의 인기는 대단했다.

비틀스 멤버들은 모두 영국 리버풀에서 나고 자랐다. 리버풀은 세계에서 가장 거대한 항구 도시 가운데 하나로, 19세기에는 아프리카와 인도에서 데려온 노예무역의 중심지로 번영을 누렸다. 또 2차 대전 중에는 미군의 전쟁 물품을 나르는 관문 역할을 하며 무역항으로 전성기를 누렸지만 전쟁이 끝난 뒤 가난한 도시로 전락했다. 전쟁 시 폭격을 받아 파괴된 지역이 많았고 참전했다가 돌아온 군인들은 정신이상자가 되어 거리를 떠돌았다. 전쟁의 상흔으로 희망이 보이지 않던 리버풀은 비틀스가 세계를 정복하면서 영국 로큰롤 혁명의 진원지가 되었다.

히스이 고타로는 저서《마음이 꺾일 때 나를 구한 한마디》에서 비틀스가 최고가 될 수 있었던 이유에 대해 "평범한 사람이 하루에 서너 시간 연주할 때 비틀스는 악조건 속에서 하루 12시간을 연주했다"고 밝히고 있다.

존 레논은 함부르크의 인드라 클럽에서 연주했던 일에 대해 이렇게 회상했다.

"우리의 연주 실력은 점점 좋아졌고 자신감을 얻었습니다. 날이면 날마다 밤새도록 연주를 했으니 그럴 수밖에 없었죠. 우리는 그곳에서 더욱 열심히 노력했고, 노래에 마음과 영혼을 담으려고 애썼습니다. 리버풀에서는 고작 1시간만 연주할 수 있었기 때문에 우리가 가장 잘하는 곡만 반복해서 연주했죠. 하지만 함부르크에서는 8시간씩 연주할 수 있었기 때문에 여러 가지 곡들과 새로운 연주 방법을 시도할 수 있었습니다."

당시 비틀스의 드러머였던 피트 베스트 역시 그들이 얼마나 열심히 했는지 말해주고 있다.

"우리는 일주일에 7일 밤을 연주했습니다. 처음에는 밤샘 연주가 끝날 무렵 12~13명이 남았지만, 점점 실력이 좋아지면서 토요일이나 일요일 아침에는 꽤 많이 남아 있었죠."

비틀스는 1960년에서 1962년 말에 걸쳐 다섯 차례나 함부르크에 다녀왔다. 처음 방문했을 때 그들은 106일 밤을 매일 4시간 이상 연주했다. 두 번째 여행에서는 92번이나 무대에 올랐고 세 번째에서는 48번을 무대에 올라 172시간이

나 연주했다. 마지막 두 번의 함부르크 무대 예약은 1962년 11월과 12월에 있었는데 그때 90시간을 더 연주했다. 비틀스는 1년 반이 넘는 기간에 270일 밤을 연주한 셈이다.

그들은 1964년까지 무려 1,200시간을 공연한 것으로 추산된다. 비틀스의 최고의 작품으로 알려진 〈Sgt. Pepper's Lonely Hearts Club Band〉가 발매되기까지의 기간을 합하면 10년의 세월을 노력했다고 볼 수 있다.

비틀스의 성공은 두 천재 뮤지션인 폴 매카트니와 존 레논의 존재가 아닌 쉼 없는 연습과 노력의 산물임을 알 수 있다. 물론 두 뮤지션의 공이 컸던 것은 사실이다.

성공을 거머쥐는 데 재능과 능력이 발휘하는 힘을 부인할 수 없지만 가장 중요한 것은 자신이 잘할 수 있고 좋아하는 것을 꾸준히 연습하고 노력하는 것이다. 이 부분에서 말콤 글래드웰은 희망적인 메시지를 던졌다.

"성공은 예측 가능한 경로를 걷는다."

24시간 꿈을 생각하라

말콤 글래드웰은 성공을 거머쥐기 위해서는 문화적 유산이

나 시기도 무시할 수 없지만 하루 세 시간씩 10년을 끊임없이 투자해야 얻을 수 있다고 말한다.

"성공은 무서운 집중력과 반복적 학습의 산물이다."

새뮤얼 존슨도 비슷한 생각이다.

"하루에 3시간을 걸으면 7년 후에 지구를 한 바퀴 돌 수 있다."

'티끌 모아 성공'이라는 명언과 일맥상통한다. 티끌은 아무 힘이 없어 보이지만 몇 년간 쌓이면 태산이 되듯 노력도 마찬가지이다. 단 5분의 노력이 아무 변화가 없는 것 같지만 반복하면 실력이 되고 몇 년 후에는 빛나는 결과를 얻게 된다. 반대로 5분을 소홀히 여기고 노력을 기울이지 않으면 이미 가졌던 재능도 빛을 잃게 된다.

신화나 전설은 아무에게나 주어지는 것이 아니다. 노력은 자신의 재능에 색을 입히는 일과 같다.

그대 꿈을 꾸는가? 그 꿈을 이루고 싶은가? 한 시대의 전설이 되고 싶은가? 그렇다면 24시간 꿈을 생각하고 노력하라. 너무 뻔한 이야기 같지만, 그 길만이 성공이 예측 가능한 유일한 경로이다.

인생을 표절하지 말고
창조하라

새로운 발상에 놀라지 마라. 다수가 받아들이지 않는다고 해서 진실이 아니라고 말할 수는 없음을 잘 알지 않는가. **바뤼흐 스피노자**

나만의 지도를 만들어라

TV 화면으로 명화를 감상할 수 있는 '갤러리 유기발광다이오드(OLED) TV'가 시장에 나왔다. TV의 기본 기능은 물론이고 '갤러리 모드'로 전환해 다양한 명작들을 감상할 수 있다.

불이 꺼진 TV를 보며 시커먼 화면이 보기 싫다고 생각한 적은 없었다. 당연하다고 생각했지 '왜 쓸모없이 자리를 차지하고 있는지' 의심하지 않는데 갤러리 TV의 존재를 알고 나니 표정 없는 검은 화면이 갑자기 흉물스럽게 여겨진다.

인생도 마찬가지가 아닐까. 우리가 인생을 어떻게 바라보느냐에 따라 가치가 달라지듯이 말이다. 각도를 비틀어 다르게 보면 인생이 달라진다. 다른 사람의 인생을 표절하고 흉내 내는 것이 아니라 나만의 인생을 창조한다면 최고의 명품 인생을 살 것이다.

《이상한 나라의 앨리스》에 이런 대화가 나온다.

"혹시 나는 갈 곳이 없는 건 아닐까?"
"지도만 보면 뭘 해? 남이 만들어놓은 지도에 네가 가고 싶은 곳이 있을 것 같니?"
"그럼 내가 가고 싶은 곳은 어디에 나와 있는데?"
"넌 너만의 지도를 만들어야지."

나는 이제까지 나만의 지도를 만들었는가? 남의 인생을 표절하고 흉내 내기에 바쁘지 않았는가? 아니라고 말할 자신이 없다. "누구의 인생도 카피하지 마라. 스스로 멘토가 되라"고 말하는 한 카드 회사의 광고 문구처럼 나는 자신의 멘토가 되지 못했다.

영국 최초의 여성 총리인 마거릿 대처는 평소 어떤 문제 앞에서 소신을 굽히지 않았다. 그는 자신의 신념을 이렇게 피력했다.

남들과 다른 생각을 하고 있는 것, 혹은 다른 길을 가고 있는 것이 두려운가? 남들과 다른 생각을 하는 것, 다른 길을 가는 것을 오히려 축복이라고 생각하라. 그런 사람은 자신이 삶의 주인이 되는 특별하고도 위대한 삶을 살게 될 가능성이 높다. 다르게 생각하고 다르게 행동하라. 세상을 지배하는 사람은 같은 생각을 하는 다수가 아니라 다른 생각을 하는 소수다.

한때는 모나지 않고 평균적인 삶이 최고라고 생각했다. 하지만 그 생각은 대처의 말처럼 다른 길을 가고 있는 것을 두려워한 것이 아닐까.

창조적인 생각은 성공으로 가는 지름길

남이섬 대표이사 강우현은 보통 사람들의 생각을 따르지

않고 자신만의 창조적인 생각으로 성공을 일구어냈다.

평범한 디자이너였던 강우현은 남이섬의 땅 주인으로부터 그곳을 관광 명소로 만들어달라는 제안을 받았다. 그는 섬에 사람은 줄고 쓰레기만 늘어난다는 주인의 푸념에 아이디어를 얻어 쓰레기를 활용하기로 했다. 버려진 나무를 잘라 간판을 만들고, 빈 술병을 녹여서 꽃병과 타일로 재활용했다. 마침 드라마 〈겨울연가〉 촬영지로 소개되면서 국내뿐 아니라 외국인 관광객도 많이 찾게 되었다. 현재 남이섬은 연간 관광객이 200만 명이 넘으며 그중 외국인이 25만 명을 차지한다.

2006년 강우현은 남이섬을 '나미나라 공화국'으로 이름하고 독립선언을 했다. 남이섬에 들어가기 위해서는 여권을 발부받아야 하고, 입장료 대신 비자 비용을 내야 하며, 나라를 상징하는 우표와 화폐도 있다. 국가도 짓고, 자체 문자도 만들었다. '무법천지법'이라는 헌법도 있다. 또 남이섬에는 '대만'의 국기가 펄럭인다. 우리나라는 중국하고만 수교해서 대만 국기를 걸 수 없는데도 말이다. 이 모든 것은 마케팅 수단이 아니라 관련 기관의 규제에 대한 일종의 반

발이라고 한다.

그의 기발한 상상력을 말해주는 부분이 있다. 남이섬 안에는 '정관루'란 이름의 호텔이 있다. 옛 여관을 고쳐 무궁화 3개를 받을 수 있겠다고 생각한 강우현은 허가 절차를 밟았다. 하지만 시청에서 22개월이나 끌며 허가를 내주지 않았다. 보다 못한 그는 호텔 정문에 별 6개를 그려 넣었다. 국내에는 무궁화로 호텔 등급을 매기지만 외국에서는 별을 다는 것에 착안했다. 별은 디자인으로 여기기 때문에 아무런 문제가 되지 않았다.

그의 재활용 경영은 환경단체의 지지를 받는다. 대표적인 예가 낙엽이다. 늦가을이 되면 서울 송파구청에서 낙엽을 대량 공수받아 남이섬은 낙엽 천지가 된다. 겨울눈이 오기 전에는 섬 곳곳에서 낙엽을 태운다. 그러면 남이섬은 낙엽 태우는 냄새로 그윽하고 신비로운 분위기를 연출한다.

강우현은 저서 《상상 망치》에서 이렇게 적었다.

왜 동상이몽이 나쁜 뜻으로 쓰여야 하나? 어떻게 침대에서 한 가지 생각만 할 수 있느냐 말이다. 동상일지라도 이몽을 해야 한다.

 강우현의 무한한 상상력이 어디에서 나오는지 묻는 어느 주간지 기자와의 인터뷰에서 그는 이렇게 대답했다.

사람들은 내가 책을 많이 읽는 줄 알아요. 하지만 아니거든. 나 상고 출신인 거 알지? 공부도 지지리 못했어요. 그래서 자꾸 생각하고 상상을 하게 된 거야. 배운 게 없으니 생각이라도 해야 할 일을 할 수 있잖아. 배운 게 많으면 생각이 틀에 박혀요. 배운 걸 넘어서지 못하거든. 책에서 교양을 쌓는 것 중요하지. 그렇지만 세상은 교양 있게 돌아가지 않아요.

자신만의 인생을 창조하라

강우현의 사례는 창의적 생각에 따라 얼마나 많은 변화가 생길 수 있는지 보여준다. 누군가 쓸모없는 땅이라고 팽개쳐 둘 때 다른 누군가는 더 큰 미래를 보며 가꾸고 다듬어 최고로 유용한 땅을 만들어 냈다.

프랜시스 베이컨은 "지금껏 그 누구도 해낸 적이 없는 성취는 지금껏 그 누구도 시도한 적이 없는 방법을 통해서만 가능하다"고 말했다. 누군가 해온 방식으로는 절대로 뛰어난 성과를 거둘 수 없다. 그 누구도 해낸 적이 없는, 즉 새로운 방법을 적용할 때 창조의 진가가 나타난다.

인생도 마찬가지이다. 세상에는 남의 인생을 표절하는 사람이 있고 반면 누가 뭐라고 하든 자신만의 인생을 창조하는 사람이 있다. 전자와 후자의 차이는 바로 자신감과 용기이다. 전자는 다른 길로 향할 자신감과 용기가 없기에 남이 가는 길을 바라보며 흉내 내거나 따라가기 바쁘다. 다르게 하려는 자신감과 용기가 없다. 반면 후자는 남이 가는 길에서 이탈하여 자신만의 길을 추구하며 자신의 꿈을 이루기 위해 고군분투한다. 다른 사람이 무엇이라고 하든 신경 쓰지 않는다. 길동무 없는 외로운 길이라 해도 끝까지 해낼 자신감과 용기가 있기 때문이다.

그대는 어떤 유형의 사람인가. 자신을 믿고 무리에서 이탈한 사람만이 진정한 성취감을 누리고 가슴 뛰는 미래를 만날 것이다.

전부를 던져야
최고를 얻는다

나는 모든 손가락을 쥐듯 모든 열정을 한데 모았다. **베티 데이비스**

한 분야에서 최고가 되어라

지난 10월 28일, 고려대 100주년 기념관에서 열린 미래과학 콘서트에 아리 워셜 미국 남가주대 교수가 참가했다. 2013년 노벨화학상 공동 수상자인 워셜 교수는 기자간담회에서 이렇게 말했다.

"사람들이 종종 제게 어떤 분야를 연구해야 하는지 물어봅니다. 저는 그럴 때마다 미래에는 어떤 분야가 중요해질지 모르니 자기 분야에서 최고가 되라고 조언합니다."

그는 생체 기능의 복잡한 화학반응 과정을 컴퓨터 시뮬레이션으로 분석하는 '다중척도 모델링' 연구법을 개발해 마틴 카플러스 하버드대 교수, 마이클 레비트 스탠퍼드대 교수와 함께 노벨화학상을 수상했다.

워셜 교수는 유대인이다. 유대인은 전 세계 인구의 0.2퍼센트에 불과하지만, 역대 노벨상 수상자 가운데 약 22퍼센트에 이른다. 또한 억만장자의 40퍼센트, 미국 아이비리그 학생의 4분의 1을 차지한다. 과학자 에디슨, 물리학자 아인슈타인, 영화감독 스필버그, 정신분석학의 창시자 프로이트, 페이스북 창업자 마크 주커버그 등 각 분야를 이끌어 간 이들 모두가 유대인이다. 유대인의 노벨상 수상률이 높은 이유를 꼽는다면 '늘 궁금증을 가지고 많은 질문을 하는 것'이라고 분석되고 있다.

1940년 이스라엘 키부츠에서 태어난 워셜 교수는 "키부츠에서 살 땐 과학자가 되겠다는 생각도 없었고 또 노벨상이 뭔지도 몰랐다. 그러나 항상 남들보다 앞서 나가려고 했고 무엇을 공부하든 즐기고자 했다"고 말했다.

헨리 포드는 자서전에서 "돈을 일보다 앞세우는 회사에서는 절대 일하지 않겠다고 굳게 결심했다"고 말한다. 포드는

‘진실한 기업을 떠받쳐 주는 유일한 토대는 서비스’라고 생각했다. 서비스의 성공은 ‘최선을 다하겠다는 마음가짐, 그 분야에서 최고가 되겠다는 마음가짐’에서 시작된다.

애플 컴퓨터의 창업자인 스티브 잡스 역시 “우리가 일을 하는 것은 돈을 벌려는 목적이 아니다. 다른 사람들에게 더 나은 교육을 제공하려는 원대한 꿈 때문이다”라고 말했다.

우리는 최선의 서비스를 제공할 때 그에 합당한 보상을 기대할 수 있다. 주어진 시간 내에 해당 분야에서 최고가 되겠다는 의지로 우리의 잠재의식을 가동시키는 것보다 더 강력한 성공의 수단은 없다.

우리에게 ‘주어진 시간’은 유한하다. 하루 24시간을 25시간으로 사용하는 사람이 있고, 12시간처럼 사용하는 사람이 있다. 성공을 기대하는 사람이라면 시간 관리야말로 생명이라고 할 만큼 중요하다. 물론 시간 관리는 물리적 시간만을 의미하지 않는다. 무슨 일이든 최선을 다하는 성실한 자세를 포함한다.

최고에 도전하라

20대에 글쓰기를 시작해 14년 동안 한 우물만 파서 성공한 사람이 있다. 바로 37세에 126권의 저서를 출간함으로써 대한민국 작가 최초로 기네스에 등재되는 등 자신의 분야에서 최고가 된 김태광이다.

그의 대표적인 스테디셀러로 《10대에 알았더라면 좋았을 것들》이 있다. 《마흔, 당신의 책을 써라》에서 퍼스널 브랜딩뿐 아니라 전문가라는 칭호를 얻기 위해 꼭 책을 써야 한다고 강조하는 책 쓰기 코치로도 활약하고 있다.

그는 23세 때부터 하루도 시를 쓰지 않거나 시집을 읽지 않고 보낸 날이 없을 정도로 시에 미쳤다. 새로 나온 시집과 시인들의 프로필을 만지작거리며 '나도 꼭 당당하게 시인이 되어야지'라고 의지를 불태웠다. 매일같이 3년을 치열하게 시를 쓰던 끝에 충남일보를 통해 당당하게 시인이 되었다.

젊은 나이에 시인이 되었지만, 부득불 밥벌이를 위해 기자가 되어서도 출근하기 전 2시간 동안 글을 썼다. 퇴근 후에도 동료들과의 술자리를 마다하고 바로 고시원으로 향했

다. 반년쯤 지났을 무렵 한 권의 책을 펴낼 정도의 원고량
이 축적되어 출판사에 원고를 보냈다. 무려 400번이나 원고
를 거절당하며 포기하고 싶은 순간도 있었지만, 결코 글쓰
기를 중단할 수 없었다. 그렇게 해서 2003년에 꿈에 그리던
책《꿈이 있는 다락방》과《마음이 담긴 몽당연필》을 출간했
다. 그때 그가 품은 꿈은 베스트셀러 작가와 성공학 동기부
여 강사였다. 그 꿈을 향해 고군분투한 끝에 지금은 그 꿈
을 이루고 최고의 인생을 살고 있다.

전부를 던져야 최고가 된다

나폴레옹 보나파르트는 "모든 성취의 출발점은 꿈을 꾸는
것으로부터 시작된다"고 했다. 하지만 더 중요한 것은 자신
이 이룰 수 있는 가장 큰 꿈을 꾸는 것이다.

 일본의 소프트뱅크 회장 손정의는 2010년 소프트뱅크 30
주년 주주총회에서 2시간에 걸쳐 앞으로 30년간의 자사의
이념과 비전을 뜨겁게 토해냈다. 그의 꿈은 "정보혁명을 통
해 사람들을 행복하게 만들겠다"는 것이었다.

 어린 시절 그는 불법 거주를 하며 가난과 편견, 아버지의

입원 등 수많은 어려움을 겪었다. 그 속에서 어떻게 해서든 위기를 극복하려는 의지를 다졌다.

중학교 때 이미 세계적인 사업가가 되겠다는 각오를 품고 18세에 미국으로 건너간 그는 어느 날 마이크로프로세서 사진을 보고 디지털 사회가 품은 가능성에 마음을 빼앗겼다.

'앞으로 50년간 한눈팔지 않고 내 모든 역량을 쏟을 수 있는 일이 무엇일까?'

그는 1981년에 자본금 1,000만 엔으로 단 2명의 사원을 데리고 일본 소프트뱅크를 설립했다. 회사를 시작한 날 손정의는 사과 궤짝을 엎어 놓고 그 위에 올라가 '1조 원 매출 목표'를 선언했다. 두 사원은 사장의 뜬구름 잡는 허무맹랑한 소리에 욕을 하며 두 달 만에 회사를 떠났다. 그들은 손정의의 미친 꿈이 현실이 될 줄은 몰랐을 것이다.

소프트뱅크는 성장을 거듭해 2010년에는 사원 2만 명을 거느리고 시가총액이 2조 엔을 넘어서는 거대 그룹으로 성장했다. 이뿐만이 아니다. 그는 30년 후에는 시가총액이 200조 엔엔 달하게 만들겠다고 선언했다. 그는 스스로 "정말 현실로 만들고 말겠다는 각오를 하고 내놓은 허풍이다"

라고 말하지만 그의 최고를 향한 도전은 멈추지 않고 계속
되고 있다.

최고의 삶을 살고 싶은가? 잠재의식 속에 최고가 되어야
겠다는 강력한 의지를 이식시켜라. 아리 워셜 교수가 "항상
남보다 앞서 가려 하고 공부를 즐겼다"고 한 것처럼 자신의
전부를 던지고자 하는 노력이 필요하다. 전부를 던지지 않
고서 최고를 얻을 수 없음을 기억해야 한다.

일생을 걸
단 하나의 꿈

성공의 비결은 목표를 향하여 전진하는 데 있다. D.벤자민

2개의 화살을 갖지 마라

1,200년간 일본의 수도였던 고도 교토의 상인들은 자부심을 가지고 그들 나름대로 상인 철학을 만들어 왔다. 일반적으로 상인을 쵸닌ちょうにん이라고 하는데 교토의 상인은 '아킨도あきんど' 라고 칭한다. 아킨토라는 말은 교토 사인의 자부심이 담긴 표현이자 황실과 귀족을 상대하는 최고급 상인이라는 뜻이 담겨 있다. 그들에게는 일본의 상도를 집대성한 교토 상인 33계명이 있는데 그중에 이런 것이 있다.

"2개의 화살을 갖지 마라. 두 번째 화살이 있으면 첫 번째 화살에 집중하지 않는다."

교토를 대표하는 니시키라는 시장에는 1617년부터 이곳에 터를 잡은 이요마타라는 초밥집이 있다. 4개의 조그마한 방과 하나의 작은 홀이 있는 가게이지만 400년간 전통을 이어온 만큼 명성이 자자하다.

이 가게의 손님은 하루에 약 6~70명 정도로 명성에 비해 적은 편이나 초밥을 포장해 가는 손님은 100여 명에 이를 정도로 꽤 많다. 이요마타의 사장에게 왜 다른 지역에 체인점을 내지 않느냐고 묻자 그는 이렇게 답했다.

"체임점을 해서 만에 하나 상한 초밥이나 맛이 없는 초밥을 손님에게 제공했을 경우, 손님은 실망하게 되고 실망한 손님이 하나둘 발을 돌리면 400년 전통도 하루아침에 무너지게 됩니다."

위의 계명처럼 여러 개의 가게를 가지고 있으면 한 가게가 망하더라도 또 다른 가게가 있으니 자신도 모르게 자만심이 생겨 일에 집중하지 않는다는 것이다.

가훈이 무엇이냐는 또 하나 질문에 대한 이요마타의 사장의 대답은 간단했다.

"밤이고 낮이고 연구합니다."

400년 전통의 가게에서 더 맛있는 초밥을 만들기 위해 '밤이고 낮이고 연구'한다는 말은 한마디로 걸작이다. 그만큼 자신이 하는 일에 일생을 걸고 매진한다는 뜻이리라. 장사가 잘된다 싶으면 고객의 만족에는 아랑곳없이 마구잡이로 체인점을 늘리는 한국과 다른 양상이다.

단 하나의 꿈

일생을 걸 자신만의 단 하나의 꿈을 향해 매진한 재즈 피아니스트 진보라. 3세 때부터 피아노를 쳤다는 그는 다니던 중학교를 그만두었다. 학교에 앉아 있어도 음악만 생각이나 도저히 학업을 계속할 수 없었다. 자퇴한 후 종일 피아노에만 매달렸다. 피아노를 치다가 쓰러져 잠이 들기도 했다. 피아노만 치는 것은 고된 일이었지만 자신의 감정을 연주로 표현할 수 있어 행복했다. 그는 당시를 이렇게 회상했다.

"때로는 평범한 학교생활이 너무나 그리워 옛날 교복을 꺼내 입고 피아노를 치다가 잠이 들었던 적이 있어요. 떡볶

이집에 가면 교복 입은 학생들이 많을까 봐 잘 가지도 못했
어요."

15세 때 중학교를 그만둔 이후 종일 음악을 듣고 피아노
를 치고 때로는 공연을 하며 바쁘게 지내다 보니 그는 외로
움을 느낄 겨를이 없었다. 자신의 꿈을 위해 혹독하게 피아
노 연습을 하며 고된 훈련의 시간을 견뎌냈다. 피아니스트
가 자신의 길이라는 확신이 들었기 때문이었다. 그는 모 방
송에서 자신의 꿈에 대해 이렇게 말했다.

"우리 몸속에 심장이 뛰고 혈관을 통해 피가 순환됨으로
살아 있음을 느끼잖아요. 저도 음악으로 살아 있음을 느끼
는, 사람들에게 에너지를 줄 수 있는 사람이 되고 싶어요."

인류애에도 관심을 가지는 그녀의 아름다운 꿈은 17세에
작곡했다는 〈사막의 폭풍〉이라는 곡에서도 알 수 있다. 당
시 뉴스를 통해 이라크 전쟁의 참상에서 울고 있는 아이의
모습을 보고 즉흥적으로 작곡했다고 한다. 전쟁이라는 상
흔 속에서 자신이 할 수 있는 일이 무얼까 생각하다가 이
곡을 탄생시켰다.

"기자들은 이라크에 취재하러 가잖아요. 저도 거기 가서

피아노 치고 싶은데 아무도 연주를 시키지는 않을 거 아니에요? 그래서 과연 내가 음악가로 살아가면서 세상에 줄 수 있는 게 뭔지 생각하다가 만든 곡이에요. 학생들이 좋아해서 입시 곡으로 쓰인다고 합니다.”

진보라가 재즈 피아니스트로 성공할 수 있었던 것은 ‘피아니스트’라는 자신의 일생을 걸 수 있는 단 하나의 꿈을 발견했기 때문이다. 그 꿈에 자신의 전부를 쏟아붓고 끊임없이 노력했기에 가능한 성공이었다.

열정을 바쳐라

외로움과 막막한 현실에서 좋아하는 일에 매진함으로써 자신의 분야에서 최고가 된 사람이 있다. 프랑스의 곤충학자이자 《파브르 곤충기》의 저자인 장 앙리 파브르다.

파브르는 생 레옹의 시골 농가에서 태어났다. 그는 집이 가난하여 장난감 대신 벌레를 가지고 놀며 벌레의 생김새를 관찰하고, 또 그들의 생활하는 모습을 살피기를 즐겼다. 남들이 싫어하는 벌레들을 사랑하여 키우기도 하였다.

파브르는 넉넉지 못한 형편 때문에 학비를 면제받을 수 있는 사범학교에 지원했다. 그는 교사 생활을 하며 곤충 연구를 하여 여러 가지 곤충의 생태를 재미있고 아름다운 문장으로 묘사한 '곤충기'를 썼다. 평생을 곤충과 자연을 벗하며 살다 간 파브르는 '곤충의 시인' 이라 일컬어진다.

그는 곤충에 대한 연구를 제대로 하고 싶다는 생각에 시설이 좋은 도시로 발령받기를 바랐다. 하지만 당시 분위기로는 뇌물을 주지 않는 이상 좋은 학교로 발령받는 건 불가능했다. 더욱이 퇴근 후 늦게까지 곤충 연구에 몰두하는 파브르를 주변 사람들은 탐탁지 않게 여겼다. 그래서 파브르는 도시는커녕 오지나 다름없는 코르시카 섬의 학교로 발령받았다. 그는 실망하지 않고 자신의 연구 범위를 조개, 게 등 바다 생물로 넓혀 나갔다.

월급 받은 돈으로 벌레와 꽃, 새들을 노래한 시집을 사서 열심히 읽었다. 생활은 가난했지만 곤충을 관찰하고 연구하는 데서 삶의 보람을 느꼈다. 그 후 그는 논문 〈자연과학의 역사〉를 발표하여 파리에서 학위를 받았다. 그는 그동안의 방대한 연구 자료를 바탕으로 은퇴한 뒤 56세 때부터 《파브르 곤충기》 집필을 시작하여 84세 때 10권을 완성하였다. 무려 30년에 걸친 이 대작으로 인해 그는 세계적인 곤충학자로 이름을 떨치게 되었다.

자신이 좋아하는 일을 하기 위해서는 많은 어려움이 있다. 하지만 어려움을 감수하지 않고 이루어낼 수 있는 일은 없다. 일생을 걸 단 하나의 꿈이 있다면 아무리 어려워도 포기하지 않고 그 길을 갈 수 있다. 미래가 불안하고 희망이 보이지 않아도 포기만 하지 않으면 반드시 꿈이 이루어지는 시간이 온다. 반 고흐가 "위대한 성과는 소소한 일들이 모여 점차 이루어진다"고 말했듯이.

'살림의 여왕' 마사 스튜어트는 열정의 자세에 대해 이렇게 이야기했다.

한 사람에게 모든 것을 바치는 연애를 하듯 일에도 뜨거운 열정을 바쳐라. 나는 삶과 사업에 똑같은 열정의 자세로 임한다. 한마디로 나의 삶이 곧 일이고 일이 곧 삶이다. 열심히 경청하고 매일 새로운 것을 배우는 최고의 전문가로 거듭나야 한다.

나만의 창과 방패를 가져라

인생은 너 자신을 찾는 것이 아니다. 인생은 너 자신을 창조하는 것이다.
조지 버나드 쇼

모순(矛盾)

《한비자韓非子》에 나오는 이야기이다.

춘추시대 초나라에 병기를 파는 장사꾼이 있었다. 그는 장 한복판 넓은 공지에서 창과 방패를 손에 들고 무예 시늉을 하며 사람들을 모았다.

"자! 보세요. 이 방패는 튼튼하여 여느 것과 다릅니다. 아무리 예리한 무기로 찔러도 뚫지 못합니다. 남은 것이 얼마 없습니다. 빨리 사세요."

그래도 사려는 사람이 없자 이번에는 창 한 자루를 뽑아들고 자랑했다.

"여러분 이 창은 순수한 강철로 만들어 날카롭기 그지없습니다. 아무리 단단한 물건이라도 찔러 뚫을 수가 있습니다."

이때 군중 속에서 한 사람이 "여보, 젊은 양반. 당신의 그 창으로 당신의 방패를 찔러 보면 어떻겠소?" 하고 물으니 병기를 파는 사람은 아무 대답도 못하고 부끄러워했다.

위의 글은 모순을 설명할 때 흔히 인용하는 글이다. 나는 이 글을 다른 관점에서 보았다. 병기를 파는 사람은 두 가지 종류의 하나이다. 첫째, 팔려고 내놓은 창과 방패는 사실은 선전처럼 튼튼하지 않은 물건이다. 단지 사람들의 시선을 끌어 물건을 많이 팔기 위해 상술이 뛰어난 장사꾼이다. 둘째, 그 창과 방패는 세상에 둘도 없는 단단한 물건이다. 그런데 확신이 없어 뒤통수치는 사람의 역습을 막지 못한 순진한 장사꾼이다.

이 중 첫 번째 사람이라면 대답을 못하는 것이 당연하다. 그런데 두 번째 사람이라면 그가 대답하지 못한 것이 안타깝다. 왜? 내가 가진 창은 적의 방패를 찌르는 데 필요하고, 또 나의 방패는 적의 창을 막는 데 필요한 물건이기 때문이다. 내 창으로 내 방패를 찌를 이유는 없지 않은가?

우리에게는 나만의 창과 나만의 방패가 필요하다. 나만의 창이라 함은 나의 개성과 장점, 재능 등 세상에서 성공하기 위한 콘텐츠이다. 나만의 방패란 무기력, 조급증, 포기, 좌절 등의 실패를 부추기는 요소를 차단하는 열정과 도전 정신이다.

아르키메데스는 "내게 지점支點이 주어진다면 지구라도 들어 올려 보이겠다"고 말했다. 나만의 창과 방패는 그대가 성공하기 위한 지렛대 역할을 해주리라 믿는다.

나만의 창과 방패는 무엇인가

혼다 기업의 설립자인 혼다 소이치로는 크나큰 시련을 나만의 창과 방패로 가볍게 넘기고 큰 성공을 이룬 인물이다.

1906년에 시즈오카 현의 한 마을에 혼다는 16세에 고향집을 떠나 도쿄에 있는 자동차 수리 공장에서 기술을 익히다 젊은 나이에 창업을 했다. 순조롭게 이어지던 사업은 지진으로 인해 무너져 내렸다.

그는 자신이 원하는 일을 스스로 정하고 행동에 옮겼으며 만일 그 일이 잘못되고 있다면 전략을 바꿀 줄 아는 유연함이 있었고 절대 포기를 모르는 사람이었다. 그는 살아갈 길을 찾기 위해 재기할 기회를 노렸다.

어느 날 혼다는 고물 자전거를 발견하고 그것을 주워와 구식 잔디 깎는 기계에 쓰였던 모터를 장착해 오토바이를 만들어 냈다. 이를 시작으로 그는 자전거용 보조 엔진을 개발했고 1948년에 혼다기연공업주식회사를 설립해 새로운 모터사이클을 세상에 내놓았다. 오늘날 혼다는 세계에서 내로라하는 일류 기업으로 성장했다.

혼다 회장이 성공의 발판으로 삼은 것은 환경이나 자본이 아니었다. 그의 창은 반드시 성공하겠다는 일념이었고 방패는 좌절과 포기의 순간을 뛰어넘은 인내심이었다. 그는 "꿈을 가지고, 끊임없이 도전하고, 어떤 일이 있어도 그 꿈을 단념하지 않으면" 성공에 이를 수 있다고 말한다.

끊임없는 도전 정신으로 한계에 도전하다

2012년도에 안타깝게 타계한 강영우 박사는 한국계 최초로 미국 백악관 차관보 직급까지 오른 인물이다.

1944년 양평에서 출생한 그는 13세 때 아버지를 여의고 이듬해 축구공에 눈을 맞아 시력을 잃었다. 이어 모친과 누나를 잃고 불우한 청소년기를 겪었지만, 역경 속에서 연세대를 졸업한 뒤 미국 유학길에 올랐다. 3년 8개월 만에 피츠버그 대학에서 교육학 박사학위를 취득하여 한국 최초의 시각장애인 박사가 되었다.

2001년에는 당시 미국 이민 100년 한인 역사상 최고위직이었던 백악관 국가장애위원회 정책차관보로 발탁되었다. UN 세계장애위원회 부의장 겸 루스벨트 재단 고문으로 7억 명에 가까운 세계 장애인의 복지 향상을 위해 헌신하였다.

또한 교육 전문가인 강 박사는 두 아들을 글로벌 리더로 키웠다. 첫째 아들은 아버지의 눈을 고치겠다는 선명한 비전을 품고 안과 전문의가 되었다. 둘째 아들은 변호사가 되어 오바마 대통령의 백악관 특별보좌관으로 일하고 있다.

강영우 박사는 끊임없는 도전 정신으로 한계를 극복하고

위기를 기회 삼았다. 저서 《원동력》에서 이렇게 말했다.

맹학교를 졸업하면 보통은 안마사나 점쟁이가 된다. 나는 5년 지각생으로 입학했지만, 그 현실을 뛰어넘어 대학에 진학하고 더 나아가 미국으로 유학을 가서 일급 전문인이 되겠다는 큰 꿈을 꾸었다. 아울러 주말이나 방학 때면 갈 곳이 없는 외로운 고아로서 행복한 가정을 만들고 자녀 교육을 성공적으로 하리라는 꿈을 가졌다. 그리하여 하나님의 영광을 드러내고 눈 뜬 사람들을 섬기고 봉사하는 현실로 만들겠다고 다짐했다.

강영우 박사의 창은 늘 연구하는 자세와 남을 먼저 생각하는 마음이고, 그의 방패는 어떤 상황에서도 낙심하지 않고 장애물을 뛰어넘는 도전 정신이다.
"Just do it"
유명 스포츠 브랜드의 광고이다. 꿈이 있다면 오늘 도전하라. 나만의 창과 방패를 가지고 '어제보다 조금씩 나아지고 있는 오늘'을 기쁘게 맞이하라.

미친 꿈에
미美쳐라

어떤 일에 미치면 반드시 기적이 일어나게 되어 있다. 미쳐야 할 이유는 자명하다. **김영식 《10미터만 더 뛰어봐》**

미쳐야 미친다

전북 현대 모터스의 최강희 감독이 작년 12월 전라북도 익산시 원광 고등학교 학생들에게 '목표와 꿈 그리고 노력'이란 주제로 특강을 펼쳤다.

나는 여러분 나이 때 문제아였다. 여러분에게 특강의 강사로 자격이 있는지 모르겠다. 나의 좌절과 성공 등 굴곡의 이야기가 여러분에게 조금이나마 도움이 되길 바란다.

대학 입학의 실패와 축구로의 성공 가능성에 대한 좌절 등을 겪다가 '정말 축구에 미쳐보자!'라는 마음으로 매일 새벽에 일어나 산을 뛰고, 연습했더니 1년 후 "국가대표로 선발됐으니 들어와라"라는 태릉선수촌의 전화를 받았다. 29살에 된 국가대표는 너무 간절했고, 새로운 선수 생활과 내 이름을 지키기 위해 그전 1년보다 더 열심히 축구를 했다. 미친 듯이 열심히 하니 안 되는 일이 없다. 학생 여러분은 항상 목표를 크게 잡고 큰 꿈을 꾸는 사람이 되어라. 그리고 자신이 잘하는 것, 원하는 것을 찾아서 미친 듯이 열심히 해 그것을 해내는 사람이 되어라.

강의를 마칠 때 그는 한 번 더 학생들에게 당부했다.

"여러분도 끝까지 포기하지 말고 미칠 정도로 노력해야 한다."

성공한 사람들은 지독한 노력파이다. 자신이 좋아하는 것에 목숨을 걸고 결단할 뿐 아니라 행동으로 옮긴다는 특징이 있다. 한마디로 '미친 꿈에 미美친다.' 최고를 원하는 자신의 꿈에 자신의 인생 전부를 거는 아름다운 열정으로 가득하다.

자신이 하고자 하고 이루고 싶은 꿈에 미美치지 않고 적당히 시간 나는 대로 취미 생활처럼 한다면 최고가 될 수 없다. 그대는 이렇게 말할지 모르겠다.

"뭐 그렇게까지 목숨 걸고 힘들게 살 필요가 있나요? 재능이 있어야지. 그냥 이렇게 적당히 살래요."

그러면 나는 묻고 싶다. 그 '적당히'가 어느 정도를 말하는지를. 마치 그 말은 "나는 내일은 잘 모르겠고 오늘만 편하게 살면 돼요"라고 들린다.

정말 그럴까? 누군가 말했다. "내일은 준비되지 않은 자에게는 재앙이다"라고. 쇼펜하우어의 저서 《청춘 독설》에 이런 말이 있다.

그대의 눈에서 눈물이 쏟아지지 않고는 진리의 골짜기에서 길을 찾지 못한다. 그대의 마음이 추악한 이기심에 병들어 절망을 토해내지 않는 한, 그대의 영혼은 빛을 알지 못한다. 슬픔과 괴로움 속에서 기쁨을 찾지 못한 청춘은 인생의 지혜에 닻을 내리지 못하고 삶이라는 바다 위를

언제까지나 외로이 떠돌게 될 것이다. 고뇌의 기쁨을 맛
보지 못한 청춘은 청춘이 아니다.

염세주의였던 쇼펜하우어의 글이 너무 비관적이 아니냐고
할 수 있지만, 청춘은 위로가 필요한 때가 아니지 않은가.
한 번쯤 청춘을 향한 독설에 귀 기울여 보는 것도 나쁘지
않다. 눈물과 슬픔, 그리고 괴로움이 미美친 꿈을 향한 고뇌
의 시간이라면 그 인생은 머지않아 지혜의 바다에 닻을 내
리리라.

오늘 뛰면 내일 걸을 수 있다

하버드 대학교의 도서관에는 이런 글귀가 있다.

"지금 잠을 자면 꿈을 꾸지만 지금 공부하면 꿈을 이룬
다."

러시아의 작가 도스토옙스키는 "오늘 걷지 않으면 내일 뛰
어야 한다"고 말했다. 청춘의 시기를 지나온 나는 이 말을
꼭 해주고 싶다.

"오늘 뛰면 내일 걸을 수 있다."

《지도 밖으로 행군하라》의 저자인 바람의 딸 한비야는 미
美친 꿈을 꾸고 그 꿈을 향해 달려 나간 사람이다.

"무슨 일이든 힘듭니다. 그런데 그 일이 자기가 선택하고
설계하고 이루고 싶은 꿈일 때는 참는 힘도 생기고 재미도
있습니다."

국제구호활동 전문가로 유명한 한비야가 부산을 찾아 지
역의 젊은이들에게 꿈에 대한 이야기를 들려줬다. 지난해 7
월 부산 영도구 국립해양박물관에서는 기후변화 토크 콘서
트 '기특한 만남'(기후변화 대응을 위한 특별한 만남) 세 번
째 패널로 한비야가 참석했다. 유엔 중앙긴급대응기금 자
문위원인 그는 토크 콘서트 참가자들에게 이렇게 말했다.

스펙이 중요한 것 같지만, 막상 스펙을 보면 이 사람이
스펙을 위한 스펙을 쌓은 것인지, 일하다 보니 이런 이력
이 생겼는지 알 수가 없다. 진정한 스펙은 진심에서 나온
다. 자기가 가진 밑그림을 통해 그 누구의 꿈이 아닌 나
의 꿈을 꿨으면 좋겠다.

한비야가 오지 여행가로 이름을 알린 계기는 우연이 아니었다. 어려서부터 지리와 세계에 대한 관심이 컸고 신문 기자였던 아버지의 영향도 작용했다. 《김찬삼의 세계 일주》와 쥘 베른의 《80일간의 세계 일주》를 읽으며 세계 여행의 꿈을 키웠다. 대학 입시 실패, 미국 유학 경험, 미지의 세계에 대한 동경이 그를 오지의 세계로 한없이 이끌었다.

그는 한 번의 세계 여행이 평범한 인생의 10년쯤에 해당하는 체험을 하게 한다고 말한다. 그의 장대한 세계 여행은 1993년 35세의 처녀 몸으로 시작하여 만 6년이 넘는 긴 여정이었다. 반년간 네팔, 방글라데시, 인도를 시작으로 북미 알래스카에서 남미 끝의 칠레까지 1년에 걸쳐 여행했다. 아프리카 케냐에서 중앙아시아 중국, 티베트와 몽골까지 지구 곳곳을 걸어서 한비야의 '나 홀로 여행'은 계속되었다. 그는 '나 홀로 여행'을 통해 자기 자신과 만나고 자신을 돌보고 자신과 대화를 했다.

여행은 떠남인 동시에 만남이라는 말처럼 그는 처참한 생활 속에서 절망을 딛고 일어서는 메콩 강가의 소녀를 만나고, 피를 팔아 연명하는 아버지 밑에서 가난하지만 희망을 잃지 않는 아시아의 딸도 만났다. 그리하여 한비야가 최종적으로 만난 것은 평생 '하고 싶은 일'이었고 그것은 바로 국제 난민 관련 프로그램에서 일하는 것이었다.

그는 세계 여행의 꿈을 향해 한 발짝씩 걸어서 결국 지구 세 바퀴 반을 돌고 난 후 2001년부터 9년 동안 월드비전 구호팀장으로 활약했다.

미친 꿈에 미치면 행복하다

디팩 초프라는 《성공을 잡는 일곱 가지 마음의 법칙》에서 목표와 꿈에 대해서 이렇게 말했다.

현재를 정직하게 인정하면서 미래를 목표로 삼아라. 결과에 연연하지 않는 초연한 목표가 있다면 당신은 언제라도 찬란한 미래를 창조할 수 있다.

단순한 희망 사항을 넘어 눈에 또렷이 보이는 명백한 목표를 가져야 한다. 밤하늘에 빛나는 북극성처럼 그대의 미래를 이끌 목적지가 분명해야 한다. 하고 싶은 것, 갖고 싶은

것, 이루고 싶은 것에 대한 밑그림이 크고 또렷할수록 좋
다. 그 꿈이 너를 미美치게 할 테니까. 너를 성공의 문으로
이끌 테니까.

거인의 어깨에
올라타라

롤모델이 없는 사람은 목적지를 안내해 주는 지도 하나 없이, 정처 없이 걷는 나그네와 같다. **김태광 《10대에 알았더라면 좋았을 것들》**

멀리 바라보라

"내가 더 멀리 볼 수 있었던 것은 거인의 어깨에 올라탔기 때문이다."

'만유인력의 법칙'으로 유명한 세계적인 과학자 아이작 뉴턴의 명언이다. 그가 말하는 거인이란 이미 이루어 놓은 해당 분야의 연구 성과를 의미한다. 더 많이 공부할수록 점점 더 전문가로서의 내공이 깊어진다.

1642년 영국 링컨셔의 울스롭이라는 작은 마을에서 태어난 아이작 뉴턴은 1687년 〈자연철학의 원리〉라는 책을 발표했다. 에드먼드 핼리는 뉴턴이 이 책을 쓰도록 설득했으며 포기하지 않도록 격려했다. 총 세 권의 책을 발행하는 데 들어간 인쇄 비용까지도 부담했다. 이 책은 뉴턴의 세 가지 법칙 즉 '관성의 법칙', '운동의 법칙', '작용, 반작용의 법칙'과 만유인력, 천체의 운동에 관한 내용 등이 담겨 있다. 출간되자마자 큰 반향을 일으켰는데 뉴턴은 자신에 대해 이렇게 말한 적이 있다.

나는 세상에 내가 어떻게 비치는지 모른다. 하지만 나는 나 자신이 바닷가에서 노는 소년이라고 생각했다. 내 앞에는 아무것도 발견되지 않은 진리라는 거대한 대양이 펼쳐져 있고, 가끔 보통 것보다 더 매끈한 돌이나 더 예쁜 조개껍데기를 찾고 즐거워하는 소년 말이다.

하지만 뉴턴은 마냥 순진한 소년이 아니었다. 자신이 '더 멀리 볼 수 있었던 것은 거인의 어깨에 올라탔기 때문'이라고 말했지만, 그가 바로 '거인'이었다. 훗날 수많은 과학자가 뉴턴의 어깨에 올라타서 더 먼 곳을 바라보았다.

이지성의 저서 《연애 천재가 된 홍 대리》에서는 "차별화된 너만의 매력을 보여줘야 해"라는 팀장의 말에 고민하는 홍 대리에게 이렇게 다시 조언한다.

뭘 그리 고민해? 늦은 출발, 즉 후발 주자일수록 거인의 어깨에 올라타는 것이 중요하다는 거 잘 알잖아. 아무것도 모르고 혼자서 맨땅에 헤딩하는 것보다 주변의 여러 사람의 도움을 받으며 접근하면 훨씬 유리한 법이거든. 너도 광고장이니까 잘 알겠지만, 사람의 마음을 얻는다는 것은 쉽지 않아. 심리학, 인류학, 커뮤니케이션, 미학, 음악, 트렌드, 그리고 마케팅까지 정말 다양한 것들을 알아야 비로소 사람 마음 하나를 얻을 수 있는 거거든.

책은 최고의 멘토이다

아이작 뉴턴이나 《연애 천재가 된 홍 대리》의 팀장이 말한 '거인'은 우리의 안목과 시야를 넓게 열어 주는 '책'일 수도 있고, 더 넓은 세상으로 이끌어 줄 인생의 '멘토'일 수도 있다. "내가 세계를 알게 된 것은 책에 의해서였다"고 말한

철학자 사르트르처럼 누군가 이미 그 길을 걸어가며 한 권의 책으로 기록했다. 그러면 거인은 자기를 찾는 사람에게 자신의 어깨를 내준다. 설리번이 헬렌 켈러의 '멘토'이었듯이 때로는 거인은 누군가의 삶을 가치 있게 인도하기도 한다.

헤르멘 헤세는 "인간의 정신이 만들어낸 수많은 세계 중에서 가장 위대한 것은 책의 세계다"라고 말했다. 볼테르는 "당신은 책이라는 것을 좋아하지 않을지도 모른다. 그런 당신은 부질없는 야심과 쾌락에만 몰두하고 있을 것이다. 그러나 세상은 당신이 생각하는 것보다 훨씬 광범위한데, 그 세계가 책에 의해 움직이고 있다는 것을 알아야 한다"고 했다. 헤르멘 헤세와 볼테르가 말한 거인은 다름 아닌 '책'이었고 어쩌면 탁월한 '멘토'를 가까이에서 만나기 어려운 우리에게는 더할 나위 없는 거인임이 틀림없다.

성공을 벤치마킹하라

세계의 1퍼센트 리더로 키우기 위한 유대인의 전략은 다름 아닌 책을 통해 자신의 잠재력을 이끌어 낼 수 있는 '거인'

을 만나는 일이다. 유대인의 정신적 부모인 랍비는 현존하는 최고의 '거인'이 아니겠는가.

내가 관심 있는 분야, 알고 싶은 분야에 대한 이미 이루어 놓은 업적을 찾아가는 길은 그리 어려운 일이 아니다. 문제는 무엇 때문에 오늘을 사는지, 정말 무엇이 되고 싶은지 영혼의 떨림을 지각하지 못하는 데 있다. 로마제국 5현제 시대의 마지막 황제인 마르쿠스 아우렐리우스는 《명상록》에서 "자기 영혼의 떨림을 따르지 않는 자는 불행할 수밖에 없다"고 말했.

어느 글에서 재미있는 이야기를 읽은 적이 있다.

아들아. 내가 정해 주는 여자하고 결혼해야 한다
안돼요. 신부는 제가 골라야 해요
하지만 상대는 빌 게이츠의 딸이야
그렇다면 좋아요
아버지는 빌 게이츠를 만났다
당신 딸의 남편감이 있어요
우리 딸은 아직 너무 어린데요

하지만 이 청년은 세계은행 부총재입니다

그렇다면 좋습니다

이제 아버지는 세계은행 총재를 찾아간다

부총재로 천거할 청년이 있습니다

부총재는 이미 남아돌아요

이 청년은 빌 게이츠의 사위입니다

아, 그래요 그렇다면 좋습니다

위의 글은 나답지 않은 길을 가지 않고 자기 욕심대로 가진 자에게 기대는 줏대 없는 사람을 비유하고 있다. 자신의 '영혼의 떨림'을 따르지 않고 거인에 기댄다면 언젠가는 넘어지고 만다. 반면 내 평생에 후회하지 않을 길을 가려면 '거인'이 필요하다.

영화 〈반지의 제왕〉에서 호빗들이 거대한 나무에 올라 이동하는 장면이 있다. 높은 곳에서 보면 전체가 보이고 멀리까지 보인다. 생각의 너비와 판단의 폭이 커진다. 그래서 우리는 거인들의 사상과 지식, 경험 그리고 실패와 성공담을 배워야 한다. 수십 수백 년 동안 쌓아온 그들의 노하우를 세 시간의 몰입으로 엄청난 지혜를 터득할 수가 있다. 수천 명의 거인이 제 어깨를 빌려주고자 도서관과 서점에서 기다리고 있다. 이제 그 어깨에 올라타자. 꿈의 높이를 키우자.

책 이외에 또 다른 거인은 멘토이다. 나를 이끌어 줄 한 분야의 전문가인 탁월한 멘토를 찾아 그의 성공을 벤치마킹해야 한다. 내가 가고 싶은 길을 저만치 앞서가는 성실한 사람, 나의 꿈을 이해하고 나의 꿈에 대해 들어줄 수 있는 사람이면 좋겠다. 그리고 내가 믿고 나를 믿어주는 사람이면 금상첨화이다. 내가 나의 꿈을 말하는 동안 나는 점점 꿈에 더 가까이 가고 꿈을 점점 사랑하게 된다.

그대의 거인은 책이라도 좋고 멘토라도 좋다. 꿈이 있다는 증거이고 꿈을 사랑하고 있다는 확신이니까. 그러니 망설이지 말고 거인의 어깨에 올라타라.

태양을 향해 던지는 창이
가장 멀리 간다

당신은 스스로 꿈꾸는 것만 얻을 수 있다. 이지성 〈꿈꾸는 다락방〉

하루를 경영하라

꿈꾸지 않는 사람은 눈을 감고 암흑천지를 걷는 것과 같다. 인생의 목표도 미래도 없다. 꿈을 품은 사람은 하루 경영이 다르다. 꿈이 그를 이끌기 때문이다. 간절한 꿈은 가슴 속에서 매일 풍선처럼 조금씩 자라고 어느덧 여러 사람에 의해 전파되고 세상을 바꾼다. 그래서 "오랫동안 꿈을 그리는 사람은 마침내 그 꿈을 닮아간다"는 말이 회자하고 있는지도 모른다.

한자성어에 '쾌독파차快犢破車'란 말이 있다. 사전에 보면 팔팔한 송아지가 수레를 부순다는 뜻으로 다음과 같은 설명이 있다.

1. 난폭한 소년은 장차 큰 인물이 될 가능성이 있음.

2. 장차 성공하기 위해서는 스스로 참고 근신해야 한다는 말.

자신이 하는 일에 최고가 되어 성공하려는 강렬한 꿈이 있다면 차근차근 인내심을 가지고 나아갈 수 있다고 여겨진다. 그릴 수 있는 가장 큰 그림을 그리고, '황금률'을 기반으로 조화와 상생을 강조하는 독특한 리더십으로 자회사를 '꿈의 회사'로 만든 사람이 있다. 바로 1963년 화장품 회사 메리케이사를 설립한 메리 케이 애쉬이다.

그녀는 1996년에 《포춘》이 선정한 미국 경영인 명예의 전당에 오르고, 2004년에 PBS와 와튼 비즈니스 스쿨 선정한 지난 25년간 가장 영향력 있는 비즈니스 리더 25인에 오르기도 했다.

'황금률 리더십'이라고도 대변할 수 있는 메리 케이의 리더십은 오랜 시간이 지나도 계속되고 있다. 황금률이란 '남에게 대접받고 싶은 대로 먼저 남을 대접하라'는 성경의 마태복음 7장 12절에 나오는 말씀에서 의미를 찾고 있다.

메리 케이는 48세 때 갓 20세사 된 아들의 도움으로 자기 이름의 작은 화장품 회사를 차렸다. 그동안 연봉을 아끼며 모았던 돈을 털어 9명의 직원과 함께 시작했다. 지금은 전 세계 37개국에 180만 명의 뷰티 컨설턴트를 거느린 연 매출 24억 달러의 대기업으로 성장했다. 미국 내 스킨케어 화장 품 점유율 1위를 달리며 '가장 일하고 싶은 기업 100위'에 매년 이름을 올린다.

우리는 단지 화장품을 판매하는 게 아니라 그보다 훨씬
더 중요한 무엇인가를 하고 있습니다. 우리는 바로 우리
의 삶을 변화시키고 있는 것입니다.

그녀의 자서전적인 책《핑크 리더십》에서 밝힌 바대로 그 녀는 '사람들이 성공할 수 있게 칭찬함으로써', '크게 칭찬 하는 가운데 약간의 비판을 끼워 넣음으로써' 전 세계에 걸 쳐 수많은 여성에게 새로운 기회를 제공했다. 매년 좋은 실 적을 올린 '세일즈 여왕'에게 메리 케이 본사에서 '핑크 벤

츠’를 선물하는 것은 잘 알려진 사실이다.

나는 이 책을 읽는 내내 사람을 특별하게 만들 줄 알며 존중하고 배려하는 그녀의 따뜻한 마음씨에 감동했다.

리더는 신이 모든 사람에게 ‘위대함’이라는 씨앗을 뿌렸다는 사실을 알아야 한다. 사람은 모두가 소중한 존재이며, 뛰어난 리더는 그 씨앗을 틔우고 꽃 피게 하고 열매를 맺게 할 수 있어야 한다. 사람들은 대부분 자신의 재능을 펼쳐 보지도 못한 채 무덤으로 돌아간다. 이처럼 안타까운 일도 없다. 우리는 조물주가 주신 능력 가운데 10퍼센트만을 사용하고 나머지 90퍼센트는 전혀 깨닫지도 못한 채 살아가고 있다.

나는 정말 내가 하고 싶은 일, 나의 재능을 마음껏 펼친 적이 있었던가. 매일 뒤로 미룬 채 그저 그렇게 인생 행로를 지나쳐 와 어느 순간 허탈해한다면 그보다 안타까운 일은 없다. 미국의 소설가 마크 트웨인은 이런 말을 남겼다.

“20년이 흐른 후 당신은 이룬 일보다 하지 못한 일들로 인해 더 깊이 좌절하리라."

나는 이 말을 듣고 고개를 끄떡였다. 마음속에만 그리다가 어느덧 기억 속으로 사라져 가버린 일이 주마등처럼 스쳐 갔다. 마음속 그림을 종이에다 스케치하듯 선명하게 남겼더라면 지금보다 더 일찍 가슴 뛰는 인생을 살 것을.

가슴 뛰는 인생을 살아라

'경영학의 구루' 피터 드러커는 95세의 나이로 세상을 떠나는 날까지 집필과 강연을 하며 왕성하게 활동했다. 그의 젊은 시절 역시 암울했으며 확고한 꿈이 없어 부모님의 권유로 독일 함부르크 법학과에 입학했다. 그러나 법학 공부에 관심이 없었던 그는 면제품 수출회사의 수습공으로 일하면서 소일했다.

어느 날 오페라를 좋아하던 그는 우연히 이탈리아의 위대한 작곡가 베르디의 오페라 〈폴스타프〉를 관람하게 되었다. 음악적 소양이 있었던 피터 드러커는 베르디의 오페라에 푹 빠지게 되었고, 그 후 작곡가에 대해 관심을 두게 되었다.

그는 저서 《프로페셔널의 조건》에서 이렇게 말했다.

"베르디는 죽을 때까지 오페라의 명곡을 썼다. 계속된 명곡으로 엄청난 발전을 이루었다. 나는 내가 앞으로 무엇을 하든지 간에 베르디의 그 교훈을 인생의 길잡이로 삼겠다고 결심했다. 나이를 먹더라도 포기하지 않고 계속 정진하리라고 굳게 마음먹었다."

'찰리 브라운과 스누피'라는 부제로 더 유명한 만화 〈피너츠〉의 작가 찰스 슐츠 또한 어릴 때부터 만화가를 꿈꾸었다. 친구와 어울리기보다 만화를 그리는 일에 푹 빠진 그는 만화가가 되려고 대학에 원서를 냈지만 계속 거절당하는 아픔을 겪었다. 아무도 그의 그림을 눈여겨보지 않았지만, 그는 포기하지 않았다.

20년 동안 수백 번의 실패 끝에 1950년 가까스로 〈세인트 폴 파이오니라 프레스〉 신문사에서 연재 제안을 받게 되었다. 그것이 계기가 되어 그 후 전 세계 75개국, 26개 언어로 번역돼 2,600여 개의 신문과 잡지에 50년간 연재되는 대기록을 세우는 기쁨을 맛보았다.

가장 큰 꿈을 이끌고 담장을 넘어라

나는 올해 작가의 꿈을 이뤘다. 나 역시 피터 드러커와 찰스 슐츠처럼 무슨 일이든 포기하지 않고 최선을 다하겠다고 다짐했다. 때로 좌절의 길목에 부닥치더라도 절대 물러서지 않고 걸림돌을 뛰어넘을 것이다. '나는 늦었다. 나는 안 된다'는 생각도 강물에 던지리라.

성경에 나의 좌우명이 있다.

"내게 능력 주시는 자 안에서 내가 모든 것을 할 수 있느니라(빌립보서 3장 20절)."

나는 새벽 일찍 일어나 먼저 성경을 보고 기도한 후 글을 쓴다. 집필실 창문에 펼쳐진 암흑지대가 차츰 빛으로 서막을 열 때쯤이면 오늘 새벽 분량의 글이 채워진다. 작은 도랑과 논밭, 그리고 나지막한 산, 철길이 갓 세수한 새색시처럼 뽀얗게 이마를 드러내는 말간 아침이면 터져 오르는 기쁨이 주체할 수 없이 밀려온다.

내 책상 앞에는 A4 용지에 나의 평생 버킷리스트를 써서 붙여 놓았다.

1. 베스트셀러 작가 되기

2. 평생 100권 책 쓰기

3. 500명의 학생에게 장학금 주기

4. 복음과 꿈을 심어주는 동기부여가

5. 최고의 부모 관점 디자이너

6. 큰 미래 경영 연구소장

7. 책 쓰기 코치

나는 매일 몇 번이고 들여다보고 힘이 들 때마다 마음을 다잡는다. 물이 99도가 될 때까지 끓이다가 마지막 1도를 채우지 못하고 포기하는 사람이 많다. 하지만 마지막 1도를 채워야 임계점에 다다르고 그토록 바라던 꿈에 이른다.

포기하지 말고 가장 큰 꿈을 이끌고 담장을 넘어라. 태양을 향해 던지는 창이 가장 멀리 간다. 마지막으로 로렌스 레빈의 말에 귀 기울여보자

한 번, 두 번 실패하더라도
노력하라, 다시 노력하라
마침내 승리를 거두더라도
노력하라, 또 노력하라

모두가 할 수 있을

끈기만 있다면 너라고 못할 이유가 있겠는가

이 법칙을 잊지 마라

노력하라, 또 노력하라

절대 멈추지 마라.

잠시라도 멈칫거렸다면 이미 당신은 실패한 것이다.

아름다운 청춘
그대의 꿈을 응원한다

중년이 된 내가 청춘에게 들려주는 이 글을 쓰는 동안 잠 못 이루는 새벽이 많았다. 뚜렷하게 내세울 것도 괄목할 만하게 성공한 것도 아닌 평범한 작가의 말을 들어줄까 고민했다.

나는 20대 중반까지만 해도 어둡고 깜깜한 터널을 걷는 것처럼 암울했다. 겉으로는 초등학교 교사로 그런대로 안정된 직장을 가졌지만, 나는 우울했고 꿈이 없었다.

20대 중반 이후 차츰 긍정적인 성격으로 바뀌었고 치열하게 살아왔다. 하지만 내 안에 무엇인가 해결되지 않은 갈급

중이 있었다.

그런 내가 50세가 넘어서야 가슴 뛰는 꿈을 발견했다. 그동안 나를 답답하게 했던 모든 것이 일순간에 사라지고 사람을 변화시키는 작가로, 동기부여가로, 부모 관점 디자이너로 젊은 시절보다 더 활기찬 삶을 살아가고 있다.

사실 그동안 열정을 다해 공부하고 책을 읽었다. 지금도 대학 입시생처럼 매일 새벽을 깨우고 독서와 집필 활동을 이어가고 있다. 읽고 싶은 책, 쓰고 싶은 책이 너무 많아 잠자는 시간을 아까워하면서 말이다.

진정 자신이 원하는 일, 하고 싶은 일을 발견한다면 인생은 살 만하다. 가슴 뛰는 인생이 얼마나 신나는 일인지 겪지 않고는 모른다.

작가로 몇 권의 책을 낸 지금은 내 꿈의 시작점이다. 어느덧 100권의 저서를 남기고 수많은 사람의 인생에 선한 영향력을 끼치게 될 것이다. 또한 꿈이 없는 젊은이와 어른에게 동기를 부여하는 강연가로 은퇴 없는 인생 이막을 살 것이다.

'나비 효과'란 말이 있다. 브라질에 있는 나비의 날갯짓이 미국 텍사스에 폭풍을 일으킨다는 나비 효과는 우리 인생에서도 적용할 수 있다. 오늘 그대가 실행하는 사소한 한 가지 일이 커다란 숲을 이룰 작은 나무가 된다. 작은 점이 모여 원이 되고 별이 되듯이 손과 발을 던져 실행한 것은 인생의 결과로 이어지기 마련이다.

지금 에필로그까지 읽은 그대라면 이미 날갯짓이 시작된 것과 같다. 이제 시간이 갈수록 꿈의 전파는 거세지고 결국 그대의 꿈은 온 세상에 펼쳐지리라.

아름다운 청춘, 그대의 꿈을 온 마음으로 응원한다.

'나만의 방'
구미 집필실에서